たった2か月で人生を変えるダイエット

1万5000人以上を指導した専門家が教える
短期集中ダイエット法

高口昌士 著

セルバ出版

はじめに

本書を手に取ってくださり、誠にありがとうございます。ダイエット専門パーソナルトレーナーの高口昌士と申します。名古屋で「短期間のダイエットで人生を変える」をコンセプトに、ダイエット専門のパーソナルトレーニングジム「P-Bodyダイエットジム」にて活動しております。

ここ数年のダイエットブームに伴い、世の中にはたくさんのダイエット法が溢れています。みなさんも一度は目にしたこと、またチャレンジしたことがあるのではないでしょうか。

しかし、簡単に流行りのダイエット法に飛びつくのはあまり得策ではありません。「流行りのダイエットをやっても効果がなかった」とか「芸能人がやってるダイエット法を試したら体調を崩した」とか「動画で見たダイエット法を試したけど、結局どうしたらいいのかわからない」などの声を聞くことが多いからです。ダイエットに成功し、理想の自分になるためには、正しい知識と自分に合った方法で行わなければなりません。

私自身、10代の頃は非常に素行が悪く、将来の夢など全く考えたこともない子どもでした。そんな私が、なぜこの仕事をしているのかというと、当時お世話になった警察官から「君は体も大きいし力も強いから、パワーリフティングをしてみなさい」と言われたことがきっかけです。パワーリフティングの競技を行うには、しっかり筋力トレーニングを行わなければなりません。初めは嫌々でしたが段々と面白くなっていき、初めて夢中になれるものができました。そして自分自身の体も変えてみたいと思うようになりました。

トレーニングを始めたばかりの頃は､正しいフォームや食事制限の方法もわからず、ただがむしゃらに行っていました。一定の効果はありましたが、自分が思っていたような身体にはなりませんでした。どうしたら最大限の効果が出せたのか、もっと効率的な方法があるのではないかと思い、その後本格的にトレーニング理論・栄養学・解剖学などを勉強しました。

そんな中で1つの想いが生まれました。それが「ダイエット専門のパーソナルトレーナーになり、多くの人たちのダイエットのサポートをしたい」ということです。「ダイエットを頑張っているすべての人たちに、努力をしただけの結果を手に入れてもらいたい、遠回りをせずダイエットに成功してほしい」と思っています。

世の中に出回っているダイエット法は、人の興味や関心そして手軽にできるということを優先するため、非科学的であったり健康を害してしまったりするような方法ばかりです。

ダイエットをすることで、心と身体の両面において健康で美しくなっていただきたい。

これが私の最大の願いです。本書を通じて、少しでも多くの方の助けになれれば幸いです。

2021年10月

高口 昌士

たった2か月で人生を変えるダイエット
～1万5000人以上を指導した専門家が教える短期集中ダイエット法　目次

はじめに

第1章　ダイエットをすれば、あなたの人生が変わる‼（成功事例）

1　病気を乗り越え、素敵なウエディングドレスを着ることができたMさん……12
2　夢を諦め笑顔を失ったが、ダイエット成功で笑顔を取り戻したYさん……14
3　ダイエットで引きこもり生活を克服したOさん……18
4　結婚直前で破談になったが、ダイエット成功で幸せを手に入れたTさん……21
5　食べた記憶がないのに食べてしまう病気を克服したKさん……24

第2章　ダイエットを始める準備と慣らし運転

1　ダイエットは人生の縮図……28
2　ダイエットと減量の違いとは……30

3 ダイエットの目的とその先をイメージしよう……32
4 ダイエット計画を立てましょう……35
5 「ダイエットをして美しくなります」宣言をしましょう……38
6 ダイエットを始める前に用意するもの……41
7 事前に体のチェックをしましょう……44
8 最初の1週間は慣らし運転と割り切りましょう……47
9 体の変化は他人に気づかれないことが成功の証……50
10 一緒に伴走してくれるパートナーを見つけましょう……52
11 ダイエット日記は成功率を劇的に高めます……55
12 あなたの性格に合ったダイエットを行いましょう……57

第3章 短期間で大幅なダイエットに導く 高口式短期集中ダイエット法

1 短期間でダイエットするなら「筋トレ＋食事制限」……62
2 まずは筋トレ基礎4種目をやりましょう……64
3 ダイエット成功の鍵は肩甲骨と骨盤の連動性……68

4　美しいボディラインはアウトラインをしっかりとつくりましょう……71
5　トレーニングの原則を理解しましょう……77
6　ダイエットに整体を取り入れて美しさアップ……79
7　ダイエットに効くおすすめセルフ整体……82
8　リバウンドのメカニズムと対処法……91
9　停滞期のメカニズムと打破する方法……94
10　あなたはどのタイプ？　体型の種類と特徴……99
11　体型の診断法と体型別ダイエット法……103

第4章　ダイエットにおすすめの筋トレメニュー

1　鎖骨美人になるトレーニング……112
2　肩のラインを美しくするトレーニング……114
3　腕の振袖を取るトレーニング……116
4　バストの形を美しくするトレーニング……119
5　背中美人になるためのトレーニング……120
6　しつこい脇腹の脂肪を取るトレーニング……122

7　引き締まった腰回りをつくるトレーニング……125
8　下がったお尻を引き上げるトレーニング……126
9　内もものたるみを取るトレーニング……128
10　美姿勢になるためのトレーニング……129
11　全身の脂肪燃焼を促進させるＨＩＩＴトレーニング……132

第5章　意外と知らないダイエットQ&A（運動編）

1　筋トレをすると、筋肉がついてムキムキになりませんか？……138
2　ダイエットのために筋トレをしたら、体重が増えたのですが？……139
3　ダイエットに有酸素運動は効果的ですか？……141
4　筋トレは何種目を何回・何セットやったら、ダイエットに効果的ですか？……144
5　運動は20分以上継続しないと、脂肪が燃えないのですか？……147
6　筋肉痛があったら、運動をしてはいけませんか？……149
7　腰痛や膝痛など関節に持病がある人のダイエット法はありますか？……151
8　女性は月経周期を意識してダイエットしたほうがよいですか？……156
9　産後のダイエットはどのようにしたらよいですか？……159

10　65歳以上の高齢者でもダイエットできますか？……164

第6章　意外と知らないダイエットQ&A（食事編）

1　ダイエット中の食事は1日3食食べないといけませんか？……172
2　外食やコンビニ食でダイエットはできませんか？……174
3　糖質制限が流行っていますが、ダイエットに効果的ですか？……177
4　ダイエット中におやつを食べてはいけませんか？……179
5　食べてはいけない物、食べたほうがよい物はありますか？……183
6　お酒を飲むと、ダイエットはできませんか？……185
7　水をたくさん飲むと、ダイエットできますか？……188
8　ダイエットのためにサプリメントを飲むことは効果的ですか？……191
9　断食（ファスティング）はダイエットに効果がありますか？……193
10　0カロリーの食べ物は食べても太りませんか？……197
11　1つの物だけを食べる単品ダイエットは効果がありますか？……200
12　コーヒーはダイエットによいのですか？……203
13　ダイエット中にはプロテインを飲んだほうがよいですか？……206

14　ダイエットをすると、拒食症になる可能性は高くないですか？……210
15　ダイエットにチートデイは必要ですか？……213
16　ジャンクフードはダイエットのときに食べたらだめですか？……216

第7章　意外と知らないダイエットQ&A（生活習慣編）

1　セルライトがあるのですが、どうしたら消えますか？……220
2　ダイエットと睡眠には深い関係があるって本当ですか？……222
3　ダイエットをして、むくみ体質を解消する方法はありますか？……226
4　ダイエットするなら、どんなジムに入会するべきですか？……230
5　年々少しずつ太っていくのですが、なぜですか？……235
6　ダイエットをすると、肌のコンディションが悪くなると聞いたのですが？……238
7　パーソナルトレーナーを頼みたいのですが、どんな人がよいですか？……242
8　日々の生活でダイエットのための運動を行いたいのですが、何がおすすめですか？……246
9　ダイエットに適した季節はありますか？……250

おわりに

第1章

ダイエットをすれば、あなたの人生が変わる!!（成功事例）

1　病気を乗り越え、素敵なウエディングドレスを着ることができたMさん

Mさんとの出会いが私の人生を決定づけた

私がダイエット専門のパーソナルトレーナーとして活動してすぐの2002年6月、27歳のMさんという女性がダイエットをしたいとお越しになりました。Mさんは、身長170センチぐらいで顔色が悪く、背中を丸めた感じであまり健康的ではない印象の女性でした。

私の場合、初回のダイエット指導では簡単なトレーニングを経験してもらい、食事についての内容などのアドバイス、そしてダイエットに関する質問を受ける形で行っています。そのときに一番大事にしているのは、クライアントさんが「なぜ、ダイエットしたいのか？」「どうして美しくなりたいのか？」という動機や目的です。

ダイエットは動機や目的がはっきりしていないと、成功率が低くなってしまいます。ですので、私は目的や動機を明確にしてもらっています。Mさんにもダイエットの目的などを聞いていたら、「半年後に結婚式を控えていて、そのときまでにどうしても美しくなりたい」「素敵なウエディングドレス姿になりたい」ということでした。

そんなMさんですが、話をしていてもなぜか元気がない感じがしていたので、「お体は健康ですか？」と尋ねたらMさんから、意外な返事が返ってきました。「実は数年前から、肝臓に重篤な病

気を患っています。でも、どうしてもダイエットしてウエディングドレスを着たいんです」と涙ながらに訴えられました。

病院の先生にダイエットの相談をしたら、もちろん反対され怒られたようです。ただＭさんの意思は固く、その気持ちに打たれた私はダイエット指導を引き受けることにしました。

当時はまだパーソナルトレーナーとして経験も知識も少ない私にとっては、Ｍさんの病気に関する知識も皆無で、どのような運動や食事はリスクが少なく効果的なのか、必死で調べながらダイエット指導を行いました。

まず気を付けたのはトレーニングの頻度や強度です。Ｍさんは病気の影響もありましたが、元々体力レベルが高い女性ではなかったので、トレーニングをしても比較的に早い段階で疲れてしまいます。食事に関しても、肝臓の病気の人は「高たんぱく・高カロリー・低脂肪」が基本とされていましたが、Ｍさんと色々な食事のパターンを試したところ、「高たんぱく・低カロリー・低脂肪」が、ダイエットが進みやすくなおかつ体調もよいということで、それを基本に行いました。

一般のダイエット食も基本的に「高たんぱく・低カロリー・低脂肪」の食事ですが、Ｍさんには１日１個の果物と無脂肪乳２００㎖を摂取してくださいとアドバイスしました。

とてもまじめなＭさんは体調が悪いときもあり、弱音を吐くときなどもありましたが、トレーニングは毎日できることを必死で行い、食事もきっちりと守ってくれました。体重も順調に落ち、体型もどんどん美しくなっていきました。

ただ私は、何か一つ足りないと感じていました。それが姿勢でした。元々Mさんはひどい反り腰だったので、骨盤の位置が下がりお腹がぽっこりした印象を受けてしまっていたのです。そこで、姿勢矯正として胸郭を引き上げるトレーニングやストレッチなどを行い、歩き方や姿勢などの意識をしてもらいました。

ダイエット指導を開始してあっと言う間に6か月が経過しました。ダイエットを開始する前は、体重が86kgだったのが63kgまで落ち、予定したドレスのサイズも2サイズも小さくなりました。結婚式後、Mさんとご主人が結婚式の写真を持って挨拶に来てくれました。病気もダイエット中に悪化することなく、むしろ体調がよくなったと聞き安心しました。

ダイエットに成功して、とても嬉しそうに笑うMさんの顔を見て、私は「これからの人生、人を美しくする仕事をしよう」と決意しました。

Mさんとの出会いが、私の人生を変えてくれました。

2　夢を諦め笑顔を失ったが、ダイエット成功で笑顔を取り戻したYさん

ダイエットは心も美しくすると知ったYさんとの出会い

２００８年４月ダイエットをしたいとひとりの女性がお越しになりました。その女性は37歳のYさんで身長１６５センチで体重が80kgぐらい、色白でむくみがひどく、顔の表情がない大人しい印

象の女性でした。

最初のダイエット指導では、クライアントさんのほうが緊張していることも多いので、積極的に質問をしてコミュニケーションを取ろうとするのですが、ものすごく人見知りのＹさんとは、なかなか話が弾みませんでした。

ダイエットをなぜしたいのかという話になったとき、Ｙさんがやっと自分から話をしてくれました。子どもの頃からバレエをやっていて、真剣にプロのバレリーナになろうと頑張っていたのですが、怪我などが重なり夢を諦めたようです。その後は、自分に自信を失ってしまい、何事もうまくいかず、心の病気になって現在も治療を続けているというのです。

薬を服用してから、急激に体重が増加し48㎏だった体重が80㎏を超えてしまったそうです。鏡で自分を見ると、ますます自信をなくして悲しい気持ちになるので、そんな自分を変えたいとダイエットを決意したそうです。Ｙさんは元々骨格も細く、顔だちも美しい女性なので、ダイエットをしたら必ず美しくなると思い、ダイエット指導を引き受けました。

Ｙさんの場合、運動する習慣から長い期間遠ざかっていたので、体力があるほうではありませんでしたが、他の人よりも有利な点が２つありました。それは元バレリーナであるため、体が柔らかく関節の可動域が広いのです。ダイエットをするためのトレーニングを行う際、体が柔らかいと、一度にたくさんの筋肉を使うことができるために、トレーニングの効果を最大限に引き出すことができます。

また、バレエは美しい姿勢を保持することが基本なので、とても姿勢が綺麗なのです。日本人は昔から猫背が多いとされていましたが、実は反り腰の人が多く、その影響で骨盤の位置が下がってお腹や下半身が太くなったり、太く見えたりするのです。Yさんは姿勢の矯正は必要がないので、強度の高いトレーニングと厳しい食事制限をしてもらいました。

Yさんの特徴として、薬の副作用で代謝が低下しているため、とにかく代謝を高めるためのトレーニングを行いました。基本的な考え方は、筋肉量を増やして代謝を高めるのが教科書的な考え方ですが、Yさんのダイエットのときはその考え方は当てはまりません。同じ時間で、より運動量を増やすために、2種目のトレーニングをインターバルなしで行ったり、有酸素運動と筋トレをミックスさせるトレーニングなどを中心に行ったりしました。トレーニングの最後に行うボクシングのミット打ちがお気に入りでしたので、毎回行いました。

ダイエット開始当初は、やる気も体力的にも人並みでしたが、トレーニングの回数を重ねるたびに、激しいトレーニングにも対応できるようになり、体型も変化していきました。

食事に関しては、カロリーを抑えることはもちろんですが、薬の影響で便秘になりやすいということで、腸内環境を整えることを意識した食品である、ヨーグルトや納豆などの発酵食品、玄米や豆類などの食物繊維を豊富に含む物を積極的に食べてもらいました。

Yさんは日々体が変化していったのですが、何よりも変わったことは、ダイエットが進むにつれて、表情が明るくなり、笑顔も増えて心が元気になっていく様子が手に取るようにわかりました。

ダイエットをしている人が誰もが経験する、何をやっても体重が落ちなかったり、体型の変化を実感できなくなる、いわゆる「停滞期」を迎えたときも、心が病んでいる人の場合は、「どうしよう」「もうやめたい」などのネガティブな言葉が出たり、やる気がなくなったりする人も多いのです。

ですが、Yさんから発せられる言葉は「どうしたら停滞期を脱することができますか？」とか「今、私ができることはなんですか？」など前向きな質問でした。

ダイエットの目的とは、「自分の体を変えて今よりも自分の理想の体に近づくこと」です。ただし、「真剣にダイエットを行うことで、体だけでなく心も健康になること」をYさんに教えてもらいました。

Yさんにダイエット指導をさせてもらって以降、体の変化だけに着目するのではなく、クライアントさんがどんな心の状態で自分と向き合っているのかを考えられるようになりました。

Yさんのダイエット結果ですが、体重は83kgから57kgになり、薬を減らしたことでむくみが減り、顔と脚が劇的に細くなりました。

Yさんは10年以上経った今でも体型を維持しており、心の病気も克服しています。

もし、あなたが心の病気と闘っており、ダイエットをしたいと思ったら、絶対にひとりでは行わないでください。ダイエットのやり方を少しでも間違えてしまうと、心の状態が悪化する可能性が非常に高いのです。

まずは専門家のアドバイスを受けて、後でチャレンジしてください。

3　ダイエットで引きこもり生活を克服したOさん

どんな状況でも人は変われることを教えてくれたOさんとの出会い

２０１５年の春にひとりの女性からお電話がありました。ダイエットをしたいと言うので、てっきりお電話をしている本人だと思ったら、そうではないようです。何となく言いにくそうに、口ごもった口調で話し始めました。「実は、29歳の私の息子をダイエットさせてほしいのですが……」と。「17歳の頃から家に引きこもっていて、どんどん太っていき、健康診断でも多くの項目で引っかかってしまって、本人も痩せたいと言っていますし、母としてもすごく心配なので、何とかダイエットしてほしいのですが……」とすごく歯切れの悪い口調でお話をされました。

とりあえず、本人に会ってみないとわからないので、体験トライアルに来てもらいました。当日は本人とお母さんの同伴でお越しになり、カウンセリングを開始したのですが、Oさんはずっと伏し目がちで、話の受け答えもなかなか上手くいきません。

心の中で「お断りしようかな？」と考えていたら、Oさんがすごく小さな声で「先生、何とかダイエットしたいし変わりたい。お願いします」と言うのです。聞き取れないぐらいの小さな声でしたが、真剣に話していることは伝わりました。心が健康でないと、ダイエットを成功させるハードルが高くなるため、その旨を伝えてOさんのダイエットをサポートすることになりました。

Oさんは身長172㎝で体重92kg、10年以上も運動をしていなかったので、体重以上に脂肪の量が多く見える体をしていました。まず、Oさんの現状の体力を把握するため、体力測定として膝を付いての腕立て伏せ、膝を半分だけ曲げるスクワット、体幹トレーニングであるロープランクを行いました。

結果腕立て伏せは4回、スクワットは8回、ロープランクは15秒。体力レベルは60代の女性よりも低いという状態でした。次に食事の話を聞くと、1日何食とかいう概念はなく、とにかくお腹が空いたら好きな物や家にある物を食べるという感じでした。ですので、食行動を根本から見直し、正しい生活習慣に戻していく必要がありました。

Oさんのダイエット計画を立てる際に、一緒につくった計画は次の4つです。

①週に2日体力の限界まで筋トレを行う。
②食事は1日3食に加えて間食を1回だけにする。
③規則正しい生活リズムで過ごす（お風呂に入る、布団や洋服をたたむ、顔を洗う、ストレッチを行うなど）
④1日3回体重や体調、食べた物などを報告する。

この4つだけは必ず守る約束をして、ダイエットをスタートしました。

ダイエット開始当初は、トレーニングをしても5分ぐらいで息が上がり続けることができません。続けられない原因は本当に息が上がること、それで運動が続けられないのです。ただもう1つは長い期間体を動かしていなかったので、Oさん自身がどれだけ動かせるか把握できずに、頑張ろうとする前に怖いという気持ちが先立ってしまい、心と体にブレーキをかけてしまうのです。

これはOさんだけではなく、運動が苦手で体力に自信がない人にはよく起こる現象で、まずトレーニングを通じて体力を向上させます。体を動かすことや激しい筋トレが自分にもできるのだと思えるように、毎回のトレーニングで種目数を増やしたり回数を増やしたりするなど効果を実感できるようにしました。

食事に関しては、普段から時間を決めずにお腹が空いたら食べる、そして主に食べる物と言えば、カップラーメンやコンビニで売っている揚げ物だったために、Oさん自身が1日に何食食べて、どれぐらいの量を食べているのかを把握できていませんでした。

まずは1日に3食と1回の食べる量を決めて守ってもらいました。生活行動を変えることは難しいので、食べる物を写真に撮り、必ず私に送ってから食べるということをしてもらい、「写真を撮らなければ食べてはいけない」という習慣づけをしました。

多くの人の場合、ダイエット開始直後は体もすぐに反応します。効果も出やすい期間であるため、Oさんも同じく1週間で体重が5kg減り、顔色もよくなりました。何より変わってきたのが、会話をする中で、なぜ自分が引きこもりになってしまったのか、今までどんな気持ちで生活をしていたのか、ダイエットが成功したらどんな生活を送りたいかなどを話してくれるようになったのです。

ダイエットを開始して1か月が経過した頃、Oさんの体力がどんどん上がってきたので、基礎的な筋トレに加えHIITトレーニングを取り入れました。このHIITトレーニングは高強度の運動を休みなく連続で行うものです。ダイエットにはかなり効果的ですが、すごく厳しいトレーニングです。トレーニング中酸欠になったり気持ち悪くなったりしましたが、Oさんは頑張って最後までやり切りました。

最終的に5か月間で体重が67kgまで落ち、見た目は別人になりました。外見の変化ももちろんですが、笑顔も頻繁に出るようになり、猫背だった姿勢もまっすぐになりました。話し方もハキハキと話すようになり、自信がみなぎる男性に生まれ変わりました。

4　結婚直前で破談になったが、ダイエット成功で幸せを手に入れたTさん

女性が自信を取り戻すと美しさが劇的にアップ

私が東京でパーソナルトレーニングの仕事をしているときに、ひとりの女性が入って来ました。私は初対面なのか面識がある人なのかわからず、「誰かな?」と頭を巡らせていると、突然「高口先生ですよね?　友人が高口先生に指導を受けてダイエットを成功したのです。私どうしてもダイエットしたくて……。何とか力を貸してください」と泣き出したのです。

私は何も言ってないし、周りから変な目で見られるしで困りましたが、詳しく話を聞くと、婚約をしていた相手に結婚式の1か月前に急に破棄されてしまい、破談になってしまったそうです。

破談の理由は「婚約してからどんどん太っていくのがどうしても許せない。自己管理ができない人と結婚できない」ということでした。

その女性は33歳のTさんで身長165㎝で体重68㎏。学生時代はスポーツを本気でやっていて、現在でもランニングやボルダリング、ヨガなどを楽しんでいます。数年前は体重が50㎏台前半だったのに、結婚式の準備などのストレスで食べる量が増えていき、気づいたら68㎏までなってしまったのです。

Tさんと話していると結婚が破談になった悲しみと怒り、そして何とか美しくなってやろうとする気持ちがヒシヒシと伝わってきました。女性に目の前で泣かれてお願いされた依頼を断る訳にはいかないので、2か月間のダイエット指導を引き受けることにしました。

ただ、最初に約束として「ダイエットは自分のために頑張ると決めてください。誰かを見返すことを一番の目的にはしないでください」と伝えました。ダイエットに関して、誰かに対する怒りや負の感情は短期間の動機づけやモチベーションアップにはすごく力を発揮します。ただし、最後は理想の自分になるために努力できる人でないと、一時的なダイエットで終わり、すぐにリバウンドしてしまう可能性が高いのです。

Tさんのダイエット計画ですが、通常私が行っているメソッドよりもランニングやボルダリングなどの頻度を増やし、筋トレは肩と背中のトレーニングを中心にボリュームは少なめで行うことに決めました。

それはダイエットを効果的に進むセオリーとして、普段行っている生活や運動習慣をできるだけ維持したまま進めることが大切だからです。普段からランニングを頑張っている人はスピードを速めたり、ランニングの前に少しの筋トレを取り入れたりするなど、いつもの運動に＋αをすることでダイエット効果を高めます。

またTさんの場合は、普段からヨーグルトや牛乳などの乳製品、納豆や豆腐などの大豆製品を毎日食べる習慣があったので、その食生活も維持しつつカロリーを減らしていきました。Tさんが太ってしまった原因はストレスによるお菓子の大量食いにあることがわかったので、どうしても食べたくなったら、干し芋やナッツ類、寒天などを食べるように指導しました。

Tさんはかなり細身の体だったので、お菓子の大食いを止めていわゆる普通の生活をしたら、どんどん体重が落ちていきました。55kgになったときに来た停滞期も、プチ断食＋半身浴で難なく乗り切り、最終的には2か月間で体重が68kgから52kgまでダイエットできました。

素敵な姿になったTさんは半年後婚約を破棄された男性よりも、もっと素敵な人に出会い結婚しました。赤ちゃんを連れて会いに来てくれたときには私も幸せな気持ちになりました。

Tさんのダイエットの場合は、元々体脂肪が少ない筋肉質なアスリート体型だったこと、そしてトレーニングの経験があったことが、この短期間で劇的なダイエットに成功した理由です。ですので、すべての人がTさんと同じスピードでダイエットをしてはいけません。体調を崩したり怪我をしたりする可能性が高まります。あなたに合ったスピードのダイエットが必要です

5　食べた記憶がないのに食べてしまう病気を克服したKさん

強い意識で美容と健康を手に入れた女性の姿に感動した貴重な経験

「記憶がないのに、勝手に食べたり料理をしてしまったりするのです」

このようなご相談をしてきた40代の女性Kさんがダイエットの体験に来ました。詳しく話を聞くと、以前から仕事や生活でストレスを強く感じると、寝ているときに勝手に冷蔵庫を空けて、食べられそうな物を手当たり次第食べてしまったり、お酒やジュースなども大量に飲んだりしてしまったりすると言うのです。

以前、同じような症状のクライアントさんを指導した経験があり、その人は病院の先生から「睡眠関連摂食障害」と診断されていました。「同じような状態かな？」と感じ、病院に行って診てもらうようにアドバイスしました。Kさんは、非常に柔軟な性格で人の意見やアドバイスを受け入れることができる人ですので、すぐに病院に行って予想通り「睡眠関連摂食障害」と診断されました。

睡眠関連摂食障害というのは、夜中眠っているときに無意識に動き、何かを食べてしまう病気で、カロリーの高い物を大量に食べたり、コンビニに買いに行ったり、自分で料理をすることもあるのですが、その間の記憶はほぼないのです。

Kさんは、元々身長が１７３㎝で体重が58㎏で手足が長くスラッとした体型だったようですが、この症状が出始めてから一気に80kg近くまで増えてしまったのです。朝起きると目の前に食べ終えた容器や袋が散乱しているので、食べてしまったことは理解できるけれど食べている記憶はないし、食べ物を置いておかなければ大丈夫だと思ったら、コンビニで菓子パンやアイスをたくさん買って食べてしまっていたので、どうしたらよいか迷ってしまいダイエットのご相談に来られました。

私はダイエットの専門家であって、お医者さんではありません。病気と思われる症状が出ている場合、優先すべきはダイエットではなく病気を治すことです。ですので、必ず通院をすることとお医者さんにダイエットの相談をして、許可が下りたらスタートする条件で指導を引き受けました。

お医者さんの許可をもらえたので、ダイエットをスタートしたのですが、睡眠関連摂食障害は精神的なストレスが大きな影響を及ぼすので、通常の２か月間の短期集中ではなく、５か月間のダイエット期間を設けました。理由として３か月以上のダイエットはスピードがゆっくりですので、精神的肉体的プレッシャーは少なくなるのですが、期間が長く集中力が続かずに途中で挫折する可能性が高くなります。今回のＫさんの場合は一番に優先すべきことは睡眠関連摂食障害を改善することなので、途中で挫折する可能性が高くても長い期間を選択しました。

食事のコントロールでアドバイスをしたことは、「とにかくしっかりとお腹が空いたと感じるまで食事をしない」「食事の最初にサラダをたくさん食べる」「食事の内容はいつもとできるだけ同じような物を食べ、量を半分に減らす気持ちで調整すること」でした。

次にトレーニングに関しては、摂食障害などの人の場合は激しいトレーニングで酸欠になることが多いため、インターバルを多めに取るようにしました。またストレスに弱い人は新しいことをしたり慣れないことをしたりすると、余計にストレスがかかることが多いため、事前にトレーニングのメニューを伝え、毎回のトレーニング時にメニューを変えるなどは行わないようにしました。できるだけトレーニングをルーティン化し、少しずつ変化させていく形にしていきました。

主に行ったトレーニングは、バランスボールの上で腹筋を鍛えるクランチや腕立て伏せ、背中を鍛える斜め懸垂やボクシングのミット打ちなどを行いました。

Kさんはダイエット開始2か月半ぐらい経過したときに停滞期に入りました。そのストレスで、無意識に食べてしまう行動が再発してしまい、気持ちが乱れてダイエットを止めようとしたときもありました。でも1週間の休養を挟んでダイエットを再開し、5か月強のダイエット期間をやり遂げました。

睡眠関連摂食障害も落ち着き、食事やトレーニングもしっかり行えたので、Kさんは5か月間ですんなりと58kgまで戻りました。Kさん自身が心配していたダイエットによる皮余りも全くなく、大成功に終わりました。

当初は摂食障害の人へダイエット指導をすることに私自身葛藤もありましたが、ダイエットが進むにつれて自信が生まれ、それが病気に対してもよい影響を与えるのだと感じました。

摂食障害は心の状態と密接な関係があると言われており、ダイエットを行う際には自分にプレッシャーを与えない環境をつくった上で慎重に行ってください。

第2章　ダイエットを始める準備と慣らし運転

1　ダイエットは人生の縮図

ダイエットに対する基本的な考え方

「ダイエットは人生の縮図」です。

この言葉は、私がダイエットを指導をさせていただくクライアントさんにお伝えする言葉です。女性を中心に、多くの人が「痩せたい」「美しくなりたい」「もっと素敵な体になりたい」などの美や健康に関する望みを持っています。

女性であれば「とにかく体重を落としたい」「産後に崩れてしまった体型を戻したい」「若い頃の体型に戻りたい」などの相談が来ています。男性であれば「モテる体になりたい」「細マッチョになりたい」「腹筋を割りたい」などの相談が多く来ます。

ダイエットをすると言っても、私は2種類のダイエットがあると思っています。1つは趣味としてのダイエットです。この趣味としてのダイエットは、一番の目的がダイエットをしていることであり、楽しみながら無理せずダイエットして美しくなれたらいいな程度の考え方です。そこまでストイックにやらないライトなダイエットです。

もう1つは本気のダイエットです。このダイエットは、しっかりと目標やゴールを決めます。楽しいばかりではなく、辛いこともやる覚悟があり、自分の時間とお金をしっかり投資するダイエットです。私はどちらのダイエットをするにしても、美しくなろうとする姿勢や努力は素敵なことだと思っています。

ただし、私はダイエット専門のパーソナルトレーナーとして、趣味で行うダイエットのサポートは一切行いません。本気でダイエットに取り組む人の指導を20年間行ってきました。そこで感じたことは、ダイエットは人生の縮図だということです。

人にはそれぞれの個性があるように、ダイエットも個々の体質や性格によって、ベストな方法に違いがあります。順調にダイエットが進んでいるときもあれば、全然思うようにいかない時期もあります。自分の頑張りに足を引っ張る人がいたり、心から応援してくれる人がいたり、喜怒哀楽が詰まった時期を過ごした結果がご自分の体として現れるのです。

「人生は一度きり」という言葉を聞いたことがあると思いますが、ダイエットも同じで、何度も行うものではありません。なぜなら、本気でダイエットを行うと、心と体に過度な負荷が加わるからです。ダイエットを中途半端で止めてしまったりリバウンドを繰り返したりすると、代謝が低下します。そして、ダイエットができにくい体質になってしまいます。

健康や美容のためにダイエットを始めたのに、逆に心と体が疲弊してダイエットを開始する前よりも太ってしまった人もいます。また精神的に辛くなってしまい、病院に通院して薬を飲んでいるなどの悩みを抱えた人もたくさん見てきました。

もし、あなたが本気でダイエットをしたいと考えたとき、「本当に心と体はその準備ができているのか？」「ダイエットに集中できる環境にあるのか？」などをしっかりと考えてから始めてください。ダイエットを指導をする者として、できるだけ多くの人にダイエットにチャレンジをしてもらいたいと思っています。ただ、軽い気持ちでダイエットを始めることで、辛い思いをする人が少しでも減るようにしてもらいたいと思います。

ダイエットは人生の縮図ですので、一度きりの人生を駆け抜ける気持ちと同じ覚悟を持って始めてください。

もし、全力でやり切った後には、新しい自分に生まれ変われると思います。

2　ダイエットと減量の違いとは

ダイエット減量は似て非なるもの

みなさんはダイエットと減量の違いと聞いて、どんなイメージを持ちますか？

ダイエットと減量は同じだと思う人も多いと思います。まず結論から言うと、ダイエットと減量の違いに関しては、「これはダイエットで、これは減量」という明確な定義があるわけではありません。ただし、多くの美容や健康に関わる専門家がその2つは違うものだと定義しているように、私もダイエットと減量は違うと思っています。

まずはダイエットと減量で大きく違う点は手段と目的です。ダイエットをする人の目的は、「痩せたい」や「体重を減らしたい」と考える人が多いと思います。実はそれは手段であって目的ではないと思います。目的とは「体重や体脂肪を落とすことで美しくなりたい」「実年齢よりも若く見られたい」などの美への追及や「生活習慣病を克服したい」など健康に関する体質の改善など最終的なゴールのことです。

一方、減量とは、○○kgまで体重を落とすことがすべての目的であり、決められた日までに目標の数字までにすることが大切です。この日を過ぎてしまえば、体重を維持する必要もありませんし、体型などを考えることはありません。

減量をする代表的な人たちは、ボクサーやレスリングなどの体重別の階級制がある競技を行う選手が、試合当日に向けて体重を調整するものです。この減量には、脱水による健康上のリスクや肌のコンデションが悪くなるなどの美容を損なうリスクが伴いますから、一般の方は減量をする必要はありません。

例えば私のクライアントさんの中で、健康診断の結果メタボと診断されてしまい、病院の先生から「適正体重まで落としなさい」と言われてしまった人がいました。そう言われたクライアントさんからすれば「適正体重の範囲まで減量をしなければ」と考えると思います。そこで私は「減量ではなく、ダイエットをしましょう」と伝えました。

たしかに病院の先生から言われた指示を真に受けてしまうと、体重を落とすためにサウナなどで汗をたくさんかいて脱水の状態にして、食事を抜いて体重を落としたほうがよいと考える人もいます。

しかし、それでは単なる減量になってしまいます。例え適正体重まで落とせなくても、心も体も健康な状態を維持しながら、体重を落とすことを優先することがダイエットだと言えます。

このダイエットと減量というのは似て非なる物ですので、皆さんには必ず減量ではなくダイエットをしてもらいたいと思います。たしかにダイエットを行うためには期限を決める、目標体重を決めてそこに向けてやり切ることは大切なことです。それが段々といつまでに○○kg落とすかがすべてになってしまい、ダイエットをしているのか減量をしているのかがわからなくなってしまうことがあります。

ダイエットを頑張っている人は、時々自分を冷静に見つめ直し、今はダイエットと減量のどちらをしているのか考えてください。

3　ダイエットの目的とその先をイメージしよう

イメージする力は成功の秘訣

あなたはなぜダイエットをしたいと思いましたか？

私がクライアントさんと初めて会ったときに最初に聞く質問です。今まで多くの人に対してこの質問をしてきたのですが、その答えは「美しくなりたい」「スタイルがよくなりたい」「とにかく痩せたい」という美容に関する目的と「血液の数値をよくしたい」「体を軽くして動けるようになりたい」など健康に関する目的の2つがほとんどです。20～30代の人はほぼ１００％美容目的であり、40代以降になると健康目的の人が徐々に増えてくる傾向です。

なぜ私がこのような質問を最初にするのかというと、ダイエットの目的や目標そしてその先までをしっかりと考えている人と、その場のノリや勢いでダイエットを始めてしまった人とでは成功率に雲泥の差があるからです。

まずダイエットの成功確率を高めるには、目的と目標の違いを理解しましょう。目的とは文字通り目で見ることができる的（まと）であり、最終的なゴールと言えます。目標とは目で見ることができる標（しるべ）であり、最終的な的に近づいているかどうかの道標になります。つまり、最終的な目的というゴールのために、その間にある小さな通過点や指標のことを目標と言います。

例えば「ダイエットして美しくなるぞ」と考えている人がいたとします。この人の目的は、ダイエットでもなく美しくなるのでもなく、別の物をつくらなければなりません。なぜなら目的とは「的（まと）」ですので、ダイエットや美しくなるというワードでは、ぼやけた的になってしまうからです。

ここで大切なのは「ダイエットする↓美しくなる↓だから体重を10㎏減らす」など具体的な数字で目的をつくってください。次にこの体重を10㎏減らすことを実現するための目標として「１日の食事を１２００キロカロリー以内に抑えよう」「１日15分は筋トレしよう」など、より短期的で明確な行動を決めてください。

ダイエットにおいても、スポーツやビジネスの世界でも「目的をしっかりと明確に定めて、その過程に小さな目標を決めて定期的に目標の達成度合いをチェックしましょう」と言われますが、実はそれだけでは足りないと思っています。

スポーツやビジネスの分野に関してはわかりませんが、ダイエットに関してはモチベーションを一定期間維持するというのがかなり難しいのです。モチベーションを高く維持させるためには、本当に強い動機が必要になります。

そのモチベーションを維持するためにやっていただきたいことは「目的のその先をイメージする」ことです。「ダイエットしよう→美しくなりたい→体重を10kg減らそう」までが具体的な目的としたら、その先の「体重を10kg減らしたら、何をしたいか」をより具体的に考えるのです。できれば5つ考えてみましょう。

「以前から着たいと思っていたあの服を着よう」「ずっと好きだった人に告白しよう」「海外旅行に行って海で水着を着よう」「昔からやりたいと思っていた趣味を始めよう」「なかなかしてくれない彼氏に逆プロポーズをしよう」などです。

これらは私のクライアントさんがダイエットに成功して本当に行ったことです。本来はこれで終わるのですが、私はより多くの人に対してダイエットのモチベーションを維持してもらいたいため、もう一歩踏み込んだことをしてもらっています。

それは、ダイエットが成功してやりたいことができたときに、どんな気持ちになるか想像してもらうのです。海外旅行に行くのなら、誰とどこにどんな場所に行くのか。水着を着るなら、どこでどんな水着を買い、水着を着たときはどんな気持ちになるだろうか。できるだけ明確に想像してもらいます。好きな人に告白するのであれば、自分がダイエットして、どんな体になりどんな服を着てどこで告白し、そのときにどんな気持ちになるのかを想像してもらいます。

　実はこれがモチベーションを高く維持する秘訣です。

4　ダイエット計画を立てましょう

ダイエット計画は成功へのロードマップ

　ダイエットを成功させるために必要なことはいくつもありますが、大切なものの１つに、ダイエット計画を立てることがあります。なぜなら、ダイエットをして理想の体を手に入れるということは、想像以上に集中力やエネルギーが必要なことだからです。無計画で食事のコントロールやトレーニングを行っても、よい結果に繋がらないことが多いのです。

　ダイエットの成功確率を高めるためには、自分が理想とする体になるためのロードマップをつくる必要があります。そのロードマップがダイエット計画なのです。目的地に最短で行くためには地図が必要なのと同じで、ダイエットを成功させるためにも『しっかりとしたダイエット計画』をつくることが必要になります。

「ダイエット計画の重要性はわかったけど、一体どうやって計画を立てればよいの？」と思った人も多いと思います。そんなあなたのためにダイエット計画を立てるときのポイントをお伝えしたいと思います。

ポイント１／最終的なゴールを具体的な数字で設定する

ダイエット計画をつくる上で最初に決めることは、最終的なゴールをイメージして、具体的な数字として設定しましょう。例えば体重を10㎏減らす、ウエストを８㎝減らす、体脂肪率を10％減らすなど明確な数値を決めてください。

ただ、このゴール設定は簡単に達成できるものではなく、また到底達成できないようなものでもダメです。頑張ったら達成できそうな数値を決めましょう。

自分でわからなければ誰かの意見を聞くのもよいですし、とりあえず体重の10％を減らすというのもよいかもしれません。また、ダイエットのゴールを決める方法として、ＢＭＩ値を計算してそこから決める方法もあります。ＢＭＩ値とは、ＢＭＩ＝体重（㎏）÷身長（ｍ）÷身長（ｍ）で計算ができます。一般的には18・５以上25・０未満の範囲が標準体重とされていますので、この範囲内で決めることをおすすめします。

ポイント２／ダイエットの期間を設定する

次はダイエットをどれだけ行うか、期間を決めましょう。よくゴールを達成するまで頑張るという人がいますが、明確なゴールがないと人はモチベーションの維持が難しく、成功確率が低くなってしまいます。

私がおすすめするのは2か月間と3か月間と6か月間のいずれかです。これは「体重の何％減らすのか？」、「どれだけの期間ダイエットに集中できるのか？」、「旅行や長期の海外出張などダイエットの足かせとなることはないか？」など考えながら決めてください。

私の経験上、最もダイエット成功確率が高かったのが体重の10〜15％減を2か月間の短期集中で行うものです。3か月間のダイエットでは2か月目の効果に比べて、どうしてもモチベーションが低下してしまい、効果が低くなる人が多いのです。

また6か月間のダイエットは、本当に毎日コツコツ続けることができる性格の人には合ったダイエット法ですが、多くの人がほぼ2〜3か月間で挫折します。

ポイント3／具体的なダイエット内容を決める

最後はゴールに到達するために具体的に何をやるかを決めます。基本的に「毎日15分筋トレをしよう」とか「食事を1日1200キロカロリーまでに抑えよう」などでもよいのですが、より成功率を高めるためには15分間の筋トレメニューや有酸素運動などを具体的に「スクワット×20回2セット」「腹筋×15回3セット」「ウォーキングを毎日20分」など内容をしっかり決めましょう。

食事に関しても1200キロカロリー以下と決めたら、一体どれぐらいが1200キロカロリーのメニューかを把握するために計画段階でいくつかの食事パターンを3〜5個ぐらい考えましょう。

トレーニングや食事の計画などは、頑張ろうと気合を入れ過ぎてしまうと、結局続けられないということが起こります。

ですので、まずは最後まで比較的楽にできるメニューをつくり、徐々に増やしていくようにしましょう。

もしあなたがひとりでダイエット計画を立てることが難しいと感じたり、どうしたらよいか迷ってしまったりしたら、ぜひ自分の近くにいて率直な意見を言ってくれる人やダイエットや健康に詳しい人などに相談してみてください。自分自身では意外に気づかないことをアドバイスしてくれるかもしれません。

5 「ダイエットをして美しくなります」宣言をしましょう

誰かに宣言することで自分自身と約束をしましょう

ダイエットをする人の中には2つのパターンがいます。それは、ダイエットをすることや頑張っていることを周囲の誰にも伝えずにこっそりとひとりで行う人と、周囲の誰かに話して行う人です。人に話すべき・話さずにこっそりやるべきなど色々意見を言う人がいますが、私はクライアントさんたちに「ダイエットして美しくなります！」と宣言をしましょうと伝えています。

それはなぜかと言うと、今までの経験から周囲の人にしっかりとダイエット宣言をして理解者をつくる人とひとりで誰にも話さずにこっそりダイエットを始める人では、確実にダイエット宣言をした人のほうが成功確率が高いからです。
ダイエットを誰にも話さずに始める人に対して、「なぜ内緒にする必要があるのですか？」と質問をすると、次のような答えがほぼ返ってきます。

・ダイエットをしていることを知られると恥ずかしい。
・家族や友達に言うと、反対されるから内緒でダイエットをして周囲を驚かせたい。
・途中で挫折すると格好悪いから。

私はこれらの答えに対して、次のようにアドバイスしています。

・ダイエットは恥ずかしいことでもないですし、素晴らしい取り組みですよ。
・家族や友人誰にも話さないのではなく、応援してくれる人に限定して話してください。
・内緒でダイエットしても、宣言してダイエットしても周囲の反応はあまり変わりませんよ。
・最初から挫折することを考えるネガティブ思考では、辛くなるとすぐに逃げ出してしまいますよ。

ダイエットは理想の自分に向かって努力する、とても素晴らしいことです。恥ずかしがらずに、応援してくれる人や黙って見守ってくれる人にはどんどんダイエット宣言をしましょう。別にわざわざ足を引っ張りそうな人に話す必要はありませんが、周りに自分が頑張っていることに対して応援してくれたり理解をしてくれたりする人の存在はすごく大切です。

なぜならダイエットは結果がどんどん出ていて楽しいときばかりではなく、停滞期など何をやっても結果が出ずに楽しくないと感じたり、もう止めてしまおうと思ったりすることが必ずあります。

もしダイエット宣言をしていれば、「誰かに見られている」とか「応援されている」という意識があります。そのことが、諦めずにダイエットを続けるエネルギーにつながるのです。

これは恋をすると痩せて美しくなる現象と同じです。恋をして好きな人ができると、「好きな人が見ているから、美しくなりたい」とか「痩せたい」という意識が行動に繋がるのです。

次にせっかくダイエット宣言をしたので、この使い方を間違わないようにしなければなりません。それはダイエット宣言の意味は『宣言をすることでプラスの効果を引き出すために行う行動』です。ですので、ダイエット宣言をすることで「なんであの人に話してしまったんだろう」とか「話したことでプレッシャーになって辛い」などの気持ちにならないようにしてください。

かつて、ダイエット宣言がプレッシャーになり、ダイエットが失敗したときの言い訳ばかり考えるようになったクライアントさんがいました。ですので、ダイエット宣言は誰に伝えるかをしっかりと考えてください。

私がおすすめする人は、ダイエットに関する専門家でない限り、あれこれアドバイスをするタイプの人よりも、何も言わず見守ってくれるタイプの人に話しましょう。

最後にダイエット宣言は、自分自身に対しても行いましょう。紙に大きくダイエットのゴールを書き、自分の部屋や毎日使うパソコンなど目に入る場所に貼りつけてください。そしてゴールが目に入ったら、必ず「絶対にやり切るぞ！」と心に誓うようにしてください。

6　ダイエットを始める前に用意するもの

必要な物を揃えましょう

ダイエットを決意して計画を立ててダイエット宣言をしたら、次は必要な物を揃えましょう。

まずはダイエットを始めて、それから必要な物を揃えようと思う人もいますが、それでは結局そのまま購入せずに終わってしまうことがあります。必要な物は必ずダイエットを始める前に準備することが重要です。

これは私の個人的な意見としてクライアントさんにアドバイスをさせてもらうのですが、できればすべて新しい物を購入するようにしてください。もちろん家にある物でもよいのですが、新しい物を買うと気分が違いますし、ダイエットのためにある程度のコストをかけることで、モチベーションの維持や後戻りできない覚悟ができます。

では、ダイエットを始める前に揃えるべきアイテムは次のものです。

①デジタル式体重計

ダイエットの効果を知る一番の指標となるために必ず用意してください。そしてダイエット期間中は毎日決まった時間に体重計に乗り、測定を行ってください。

今までの経験上、体重計に乗る回数が１日１回の人と１日３回乗る人では３回乗る人のほうが明らかにダイエット効果が高いので、できれば起床時と昼食後そして寝る前に体重測定をしてください。

ただし、この体重に関しては取り扱いに注意が必要です。基本的な考えとして日々の数字に一喜一憂してはいけません。なぜなら、日々の体調や食事などによって、体重が増える日もあれば減る日もあるからです。毎日の数字に喜んだり落ち込んだりしていてはメンタルがもちません。

一定期間（例えば1週間）の間で体重が落ちていればよいと考えましょう。

②メジャー

もちろん、このメジャーは体の周径囲を測定するために用意しましょう。例えばウエストや脚などを細くしたい人は定期的に測定することをおすすめします。ただし、周径囲の測定に関しては測定する部位や測り方などによって誤差が出てしまいます。できる限り同じ場所で同じ測定方法で行いましょう。

ただし、毎日測定しても変化はほぼ見られないために、体重が○kg落ちたら測定するなどを決めてください。

③ダイエット日記をつけるノート

ダイエットをする上で、今自分がどの位置にいてゴールまでどれぐらいなのかを把握することはとても重要です。ですので、ダイエット日記を付けるためにノートを購入しましょう。もちろん、現在ある物でもよいのですが、できれば少し高級なノートを新しく購入することをおすすめします。

私がクライアントさんによくおすすめするのは、モレスキンのクラシックノートやアピカの紳士なノートです。

④万歩計

ダイエットために体を動かすのなら、断然筋トレを行うべきです。ただし、日常生活の中で活動量を増やし、カロリーを消費させることはダイエットにとって効果的です。ですので、万歩計を毎日チェックして少しでも無理しない程度に歩数を増やすように努力してください。今はスマホに万歩計の機能も付いているので、それを使用してもよいです。

⑤ダンベルとトレーニングチューブ

健康のため、もしくは体重を少しだけ落とす軽いダイエットなら自重のトレーニングで十分なのですが、本気でダイエットをするなら自重よりも強い負荷をかける必要があります。最低限ダンベルとトレーニングチューブは購入してください。よく何キロのダンベルを購入したらよいか迷う人も多いのですが、お店で買うなら実際にダンベルを持ってみて、重く感じるけれど扱えそうな重量を選んでください。

通販など実際に触ることができない場合、女性は１kg男性は３kgを目安に体力レベルに合わせて選んでください。トレーニングチューブは硬い物ではなく、柔らかいソフトタイプを選んでください。

⑥クッキングスケールと計量カップ

食べ物の重さを計るために、クッキングスケールや計量カップを購入しましょう。ダイエットをする上で食事の量には注意を払わなければいけませんが、あまり過度に意識をする必要はありません。ただし、ごはんやパスタなどの主食に関してはできるだけしっかりと計り、量を一定にしてください。

7　事前に体のチェックをしましょう

現在の体を把握しましょう

ダイエットを始める前の準備を着々と行っていると思いますが、最後にスタート時点のご自分の体のサイズと全体のシルエットなどのボディチェックを行いましょう。

ダイエットを始めようとしている人の中には、現在の体重や体全体のシルエットを把握していない人が多いです。私がダイエット希望のクライアントさんに「現在の体重は何kgですか？」という質問に対して「実は怖くてずっと体重計に乗っていないのでわかりません」という答えがよく返ってきます。

ダイエットを成功させ、理想の体を手に入れるためには、スタートである現在の体をしっかりと把握して、ゴールである理想の体を、より具体的にイメージすることが大切です。それがダイエットの成功確率を高めます。では、具体的にボディチェックを行いましょう。ボディチェックは２つのことを行います。１つは体を数字で把握することです。次の項目を必ずチェックしてください。

①身長

身長はダイエットには直接関係はありませんが、ＢＭＩを計算する上で必要な数字になりますので、とりあえずチェックしておきましょう。ただし、ミリ単位まで把握する必要はありませんので、大体の身長がわかっていればＯＫです。

②体重・体脂肪率

体重はダイエット効果を測る最も大切な指標ですので、正確に測定してください。ただし体重は１日の中でも変動がありますので、起床後すぐの体重を数値として採用してください。

体脂肪率に関しては大切だと思う人も多いと思いますが、メーカーや測定方法などによりかなりの誤差が出ますので、参考程度に測ってください。

③バスト

バストの測定はトップ（１番高い位置）を測定しましょう。体重の10％以上を減らすダイエットでは、バストのサイズは高い確率で減ります。

しかし、正しいダイエットを行えばサイズダウンは最小限で抑えることが可能ですし、アンダーバストの脂肪が減ることでカップ数は変えずにダイエットが行えます。また、胸のトレーニングをしっかり行うことで美しい形のバストをつくることが可能になります。

④腹囲

腹囲はおへその周りを測定してください。腹囲はメタボリックシンドロームの基準になりますし、腹部周りの脂肪が多いと健康的にもよくありませんので、しっかりと測定をして、ダイエットをしながらサイズダウンをさせていきましょう。

⑤ヒップ

お尻の一番高い部分を測定しましょう。バストと同様にしっかりとダイエットをするとサイズはどんどん小さくなり形もよくなりますので、スタート時点でしっかりと測定してください。

⑥太もも・ふくらはぎ

太ももは股関節の付け根と膝の中間を測定する人が多いのですが、毎回測定する場所が微妙にズレてしまい、正しく測定できないことが多いのです。ですので、膝の皿の上から15㎝の所に標を付けて毎回同じ部分を測るようにしましょう。ふくらはぎは一番高い場所を測定します。

⑦二の腕

二の腕も肩と肘の中間を測定するのは一般的ですが、これも測る場所が毎回変わる可能性があるため、肘から5㎝の場所に標を付けて測定してください。腕の振袖を気にする女性が多いため、最初の測定をしっかり行いサイズダウンを目指してましょう。

以上の場所を正確に測定するには少し手間もかかりますし面倒なことかもしれません。ただ、毎日測定する必要はありませんので、体重が○kg減ったらとか、1週間に一度など自分で決めて定期的に測ってください。

ボディチェックの2つ目は体のシルエットを把握するために、裸になって全身の写真を定期的に撮ってください。そのときに注意することは、体を捻ったりせずに全身のラインがはっきりわかる角度で撮ってください。

そしてスタート時点のシルエットを見て、『どこの体の部位を重点的に細くしたい』とか『この部分に筋肉を付けたい』などイメージを持つことが大切です。

8　最初の1週間は慣らし運転と割り切りましょう

ダイエットにスタートダッシュは必要ありません

物事はスタートダッシュが大切だと聞いたことはありませんか？

「最初の考え方や行動が今後にも影響するので、とにかくスタートダッシュを意識しましょう」という考え方です。たしかにこの考え方は正しいと思いますし、大切なことです。

ただしダイエットでは、あまりスタートダッシュを意識する必要はありません。なぜなら体重の減り方や体型の変化などの進み方は、個々の体質や生活習慣、そして性格などで違うからです。

多くの人がダイエットをスタートすると、最初はやる気いっぱいですので、無理してでも頑張ろうとしたり、急激に体重が減ったりしないとすぐに不安になったりします。

よくある質問で「私のダイエットの進み具合は遅くありませんか？」「みんなと比べて私のダイエットスピードはどうですか？」というのがあります。「順調にダイエットが進んでいるのか？」「他の人に比べて自分がどうなのか?」など気になることはすごく理解できますが、他人と比べても何の意味もありません。

そこで大切になってくる考え方なのですが、スタートをして1週間はダイエットの習慣を定着させて、心と体をダイエットモードにする慣らし運転期間と考えてください。慣らし運転期間には3つのことを意識してください。

①体重の数字の変化よりも習慣を定着させることに集中する

ダイエットを開始すると、最初の1週間で順調に体重が落ちる人が多いです。体重が落ちることは嬉しいですし、ダイエットがこのまま順調に進む気がします。その一方、本当に少ししか体重が落ちないとか体型が変化した感じがしないと不安になる人もいます。

これはよく誤解されやすいことなのですが、ダイエット開始時に体重が一気に落ちるのは、「体脂肪が燃焼している」というより「体内の水分が排出された結果」によるところが大きいのです。ですので、本来の目的である体脂肪が減っていない可能性が高いので、ダイエット開始直後の数字はあまり意識しなくてよいのです。

それよりも大切なことがあります。それは、ダイエットの生活習慣を定着させること、そして頭をダイエットモードに切り替えることです。

②環境の変化で疲労した体を回復させる

ダイエットの開始直後には、食事の内容が今までとは大きく変化したり、今まで運動習慣がなかった人が運動を始めると、体と心に大きな負担がかかり、翌日まで疲れが残ってしまうことがあります。

ですので、慣らし運転期間では環境変化で起きた心と体の疲労をしっかりと取り除き、ダイエット生活に適応させるようにしましょう。

私がおすすめするのは、いつもより1時間長く睡眠時間を確保すること、10分お風呂に長く入ること、スマホやパソコンの画面を見る時間をできるだけ少なくすることなどです。

ダイエット開始直後は想像以上に心と体に疲れが残っていますので、できるだけ回復する方法を見つけてください。

③できることとできないことを見極めて現実的なプランをつくる

ダイエット計画をしっかりと考えてスタートしても、少し厳しすぎる計画だったり、逆に楽々とできてしまう計画をつくることがあります。

慣らし期間はあくまで本格的なダイエット生活を開始する前の期間ですので、できないかもしれないと思ったことは止めたり、簡単にでき過ぎてしまうものはもう少し厳しくしたりするなど計画を修正していきましょう。

このように最初の慣らし期間では、体重などの数字や体型の変化だけに目を向けるのではなく、本格的なダイエット生活に向けた準備を行ってください。

できないことを無理して行うよりもできることに対して、全力を出したほうが結果に繋がります。

9　体の変化は他人に気づかれないことが成功の証

他人の目は当てになりません

ダイエットを開始して少しでも成果が出始めたら、周りの人たちに「痩せた？」「ダイエットしてるの？」と声をかけられたいものです。

この自分が頑張っていることに対して、「応援してほしい」「理解してほしい」「認めてほしい」と思う心理は誰にでもあります。この心理状態は承認欲求と言われるもので、ＳＮＳなどにダイエットの記録や写真を投稿して、いいねやコメントが来ると嬉しい心理などがあたります。

ダイエットを開始したクライアントさんから、体重が５％ぐらい減ったくらいのときに「体重が減ってるのに誰にも気づいてもらえないのですが」「人に気づかれないのはダイエットの進み方がよくないのですか？」などの質問をされることが多いのです。

きっと、「これだけ頑張っているのだから気づいてほしい、認めてほしい」という気持ちと「体重や体のサイズは減っているのだけど、本当に自分がやっていることは正しいのか？」という不安から質問されるのだと思います。

私はこの質問に対して「体重の10％が減るまではダイエットをしていることを気づかれないほうがいいです。気づかれないということは、正しい方法でやれている証拠です」と答えています。

なぜなのか不思議に感じている人も多いと思いますが、ダイエットは大幅に体重が落ちるまでは気づかれないほうがよいのです。それはなぜかと言うと『人は基本的に他人の体型に興味がない』からです。

皆さんも想像してみてください。本当に大切な家族や恋人が、ダイエットをして痩せたとしたら少しの変化でも気づくかもしれません。しかし、普通の友人や会社の同僚などが少し痩せたぐらいで気づく人は少ないはずです。

私はダイエットの専門家ですので、クライアントさんたちのダイエットの進み具合や体型の変化に関心があります。なので他の人たちに比べたら早く気づくことも多いのですが、もしこの仕事をしていなければ、きっと少々の変化には気づかなかったと思います。

皆さんはメラビアンの法則をご存じでしょうか？　この法則は相手を判断するときの基準が視覚情報（見た目やしぐさ）が55％、聴覚情報（話すスピードや口調）が38％、言語情報が７％だと言うものです。よく「見た目が９割」と言われるのは、このメラビアンの法則があるためです。私も何割かは別にして、人は見た目が印象を決定すると思います。

ではダイエットに関してはどうなのかと言うと、人が痩せたかどうかを判断するのは「顔が９割」と言えます。多くの人が顔の印象で判断しているため、体のラインとかサイズが細くなったなどは、ほぼわからないのです。

実際私も半年間で20kgのダイエットをしたことがありますが、10kgほど体重が落ちたときに「少し太った？」と言われたことがあります。きっと前日にお酒を飲んだ影響で顔がむくんでいたのだと思います。なぜ、あまり早い段階でダイエットに気づかれないほうがよいのかと言うと、『ダイエット初期で顔が痩せたと判断された』ということになるからです。この現象は『痩せたのではなくやつれた』可能性が高いのです。

ダイエットの初期には、食事やトレーニングなど生活の変化からストレスが増え、コルチゾールというストレスホルモンが多量に分泌されてしまうことがあります。コルチゾールが多量に分泌されると筋肉が萎縮しやすくなり、顔もやつれた状態になります。

つまりダイエット初期の段階で「痩せた？」と言われるということは、コルチゾールがたくさん分泌された可能性が高いということです。ですので、できるだけ気づかれないほうが順調に進んでいるという証拠です。

10　一緒に伴走してくれるパートナーを見つけましょう

信頼できるパートナーはとても大切です

ダイエットを成功させるために必要なことは、正しい方法で行うことと自分の努力、そして応援してくれる人の存在です。ひとりで頑張って成功する人もたくさんいますが、やはり一緒に頑張ってくれたり見守ってくれたりする人の存在はすごく大切です。

私のダイエット専門のパーソナルトレーナーとしてのメインの仕事といえば、ダイエットのプランを立てたりトレーニングの指導をしたり食事のアドバイスをするなどの、ダイエットのトータルサポートをすることです。

ですが、それよりもっと大切な仕事があると思っています。それは「叱咤激励」と「見守り」です。どんな完璧なダイエットプランをつくったとしても、ダイエットして美しくなろうと頑張るのはクライアントさん自身です。怠けているときには叱咤激励やアドバイスをしたり、普段は優しく見守ったりすることを心がけています。

その見守りの1つとして、クライアントさんたちには私といつでも連絡が取れる状態をつくっています。毎日たくさんの連絡がきますが、内容としては次のとおりです。

・毎日の体重の変化や体調
・食事の内容や食べ方
・仕事のお付き合いで外食をしてしまったときの対処法を知りたい
・体重が落ちない＆体型の変化がイメージ通りいかない
・トレーニングのやり方は正しいか？　筋肉痛の対処法
・仕事や家族、恋人との関係や愚痴
・他愛のない世間話

きっとダイエットを本気でやった人であれば、愚痴や世間話は別として、これと同じような悩みを持ったことがあると思います。ひとりでダイエットを頑張ろうとする人は、これらの悩みをひとりで抱えながら解決をしていかなければなりません。

そこで必要なのが、理想の体を実現するためのゴールに向かって一緒に伴走してくれるパートナーの存在です。

前にダイエット宣言をしてから始めましょうと言いましたが、それはパートナーに対して宣言をすることが1番の目的です。もしパートナーがいない人は、パーソナルトレーナーなどをダイエットのパートナーとして選んでもらうのもよいと思います。

もし、あなたがダイエットをサポートしてくるパートナーを見つけて、相手も協力をしてくれるなら、次のことをお願いしてください。

・ダイエットに対するモチベーションや取り組み姿勢はどう見えるか?
・体重の変化や体型の変化に対する感想を聞かせてほしい
・トレーニングは頑張れているか? 雑にやっていないか?
・ダイエットに関連する悩みを聞いてほしい

以上のことをお願いしてください。もちろん完璧なアドバイスを求めてはいけません。そしてあなたはパートナーの意見を素直に受け入れることが必要です。人の考え方や見方はそれぞれ違いますので、自分の気持ちや考え方とパートナーの意見が違うことがあるかもしれません。そんなときにすぐに否定するのではなく、とりあえずしっかりと意見を聞き、参考にしてみてください。

ダイエットは本気で結果を求めるのであれば、人生の中でも覚悟が必要なイベントになると思いますので、ぜひ素敵な伴走者と一緒に頑張りましょう！

11　ダイエット日記は成功率を劇的に高めます

手書きのダイエット日記はあなたの味方です

ダイエットをするなら、ぜひ日記を付けましょう。これはよく言われることですし、たしかにダイエット日記を付けることには絶大な効果があります。

なぜ日記を付けるだけでダイエット効果が上がるのでしょうか？　これは人間の潜在意識と深く関わりがあります。「ダイエットしたい、美しくなりたい」と思ったときに体重を毎日計ろう、運動も毎日しよう、食事も気を付けよう、寝る前にストレッチをしよう、サプリメントを飲もう……など色々なアイデアが浮かびます。

やる気があればあるほど、数多くの課題を自分に課すのですが、人は忘れやすい生き物なので、結局徐々にやることが減っていきます。そして結局最初のやる気はなくなり、ダイエットが失敗に終わってしまう。これが代表的なダイエットの失敗例です。

この流れを防ぐことができる1つの方法がダイエット日記です。自分のやるべきことや目標などを記録し、視覚化することで自分のやらなければいけないことや現在地がはっきりするので、課題を継続することができます。

ダイエットをするならダイエット日記は必須なのですが、必ず手書きのノートで日記を作成してください。今はブログやＳＮＳなどを使って、スマホやパソコンで簡単に日記が作成できます。

ですが簡単で便利にできるということは、潜在意識に深く刻まれにくく、習慣が定着する確率が低くなるということです。その点、手書きの日記は作成するのに手間や時間はかかりますが、自分の手を動かすことで潜在意識に深く刻まれるので、習慣が定着しやすく、それがダイエット効果に直結します。

次にダイエット日記には何を書けばよいのか。基本的に何を書いても大丈夫なのですが、最低限書いてもらいたい項目が４つあります。

・体重と体脂肪（体脂肪計が付いていれば）
・食事の内容と食べた量
・トレーニング時間と内容
・体や心のコンディション

最小限に抑えたいと思う人は、この４つの項目だけを毎日書いてください。もし、運動を何もしない日だったとしても、毎日書くことに意味がありますので「今日は運動をしない日なので、何もしていない」と書いてください。もし、あなたがもう少し細かくしっかりとした日記を書きたいと思ったら、以下のことを追加してください。

・体の周径囲（バスト・ウエスト・ヒップ・太ももなど）
・毎食の摂取カロリー（推定でＯＫ）
・運動時の消費カロリー
・１日のスケジュール
・ダイエット関係の有無に関わらず日々気づいたことや悩みなど

このような項目を書くことで、より今の自分の立ち位置を把握でき、モチベーションの維持に繋げることができます。ただし、日記を書く行為自体がストレスになってしまったり、嫌になってしまったりするのはよくないので、日記を付けることが苦手なタイプの人は最低限の項目だけで大丈夫です。

日記を以前から付ける習慣がある人やメモをすることが得意な人であれば、すべての項目を書いてください。ダイエット日記はとにかく書き続けることに価値がありますので、自分が続けられる内容で書き続けてください。

12　あなたの性格に合ったダイエットを行いましょう

自分自身を見つめ直しダイエットに活かしましょう

ダイエット指導をさせていただくときに、多くのクライアントさんに「本気でダイエットをするのは人生で何度もありません。覚悟を決めて本気で取り組んでください」とお伝えしています。それは、中途半端なダイエットをして中途半端な結果で終わると、すぐにリバウンドをして元に戻り、努力が無駄になってしまうからです。

ですので、ダイエットを本気でやろうと決めたあなたにはぜひやっていただきたいことがあります。それは「自分の棚卸」です。自分の棚卸とは自己分析をする手法の1つで、就職や転職などをするときによく使われます。

ダイエットにおいて自分の棚卸をする目的は、自分を見つめ直すことで自分の性格を改めて理解し、その性格に合ったダイエット法を行うことで効果を最大限に高めるためです。自分の棚卸は次のように行います。

(1) ダイエットノートとペンを用意して静かな部屋でゆっくりと深呼吸をして心を落ち着かせてください

(2) 子どもの頃から現在までを振り返ってください

(3) どんなことが好きで何に興味があり、今はどんなことが好きで何に興味があるか?

(4) 人からどんなことで褒められたり、どんなことですごいと言われたりしたか?

(5) 子どもの頃はどんな性格だったと思うか?　そして今はどんな性格だと思うか?

(6) 他人から見て、自分の子どもの頃はどんな性格に見えていたか?　今の自分は他人から見てどのような性格に見えているか?

（７）子どもの頃はどんな夢がありどんな人になりたかったか？　今の理想の自分とはどんな人なのか？

これらのことをゆっくりと真剣に考えて、自分自身を振り返ってみてください。この「自分の棚卸」はすべてダイエットに関係があるわけではないですが、自分を見つめ直すよい機会にしてください。自分の棚卸が終わったら、次のタイプの中であなたはどれだと思うかを確かめてみてください。

☆マイペースで物事をすすめる「のんびり屋さんタイプ」
☆物事を少しでも早く進めたい「せっかちタイプ」
☆人とワイワイするより家にいることが好きな「内向的タイプ」
☆人とワイワイすることが好きな「社交的タイプ」

あなたのタイプがわかったら、ご自分のタイプに合ったダイエット法を実践してみてください。

①のんびり屋さんタイプ

のんびり屋さんの長所は、１つのことを毎日コツコツ続けることができることです。ですので、短期間で大幅なダイエットをしようとせずに、生活の一部にダイエットのための習慣を取り入れてください。すきま時間に行う筋トレやレコーディングダイエットなどがおすすめです。

②せっかちタイプ

せっかちタイプの人の長所としては、とにかく短期間の集中力があるところです。ですので短期集中で行う、大幅なダイエットが適しています。具体的には食事の場合は定期的な断食を伴うカロリーコントロールや置き換えダイエットなど。トレーニングでは専門的なパーソナルトレーニングや記録を意識したジョギングなど、ハードルを高くした運動がおすすめです。

③内向的タイプ

あまり大勢の人と仲良くダイエットを頑張るより、ひとりの世界で集中して行いたいタイプの人には、自宅でトレーニングや食事が気軽に行うダイエットがおすすめです。具体的にはＤＶＤを見ながら行うエクササイズや半身浴ダイエット、低カロリーメニューを調理するダイエットなどがおすすめです。

④社交的タイプ

多くの人と関わりを持つことが得意な社交性が高い人は、人と関わりを持ちながら行うダイエットがおすすめです。具体的にはトレーニングジムに入会してトレーニングを行ったり、断食道場などのプログラムに参加したりするなどもよいと思います。

また同じダイエットを望む仲間と一緒にダイエットを行うこともおすすめです。

人には色々なタイプがあるのはわかったけれど、一体自分がどのタイプなのか迷ってしまう人も多いと思います。クライアントさんにも、「あなたはどのタイプだと思いますか?」という質問をしますが、明確に答えてくれる人は少ないです。

どのタイプか迷ったら、ぜひ家族や友人の意見を参考にしてみてください。

第3章

短期間で大幅なダイエットに導く高口式短期集中ダイエット法

1　短期間でダイエットするなら「筋トレ＋食事制限」

筋トレ＋食事制限はダイエットの成功法則

ダイエットをするときにまず考えなければならないのは、どのぐらいの期間でダイエットを行うかです。大きく分けて3か月以内で行う短期間ダイエットと、それ以上の期間をかけて行う長期間ダイエットがあります。それぞれに長所と短所があり、「どれぐらい体重や体脂肪を落とすのか？」「どんな方法でダイエットするのか？」など目的や環境によって異なります。

私がおすすめする1番効果が高いダイエット期間は、2か月～3か月間の短期集中で行うダイエットです。これまで様々な期間のダイエット指導をしてきましたが、1か月間以内のダイエットでは短期間であるため、美しさを追求するより数字を落とす減量になってしまいます。4か月間以上の長期間では、モチベーションの維持が難しく、効果が十分出ないことが多くありました。

私の提唱するダイエットメソッドは2か月間のダイエットがベストな期間であり、もう少し頑張れそうなら3か月間がおすすめです。2～3か月間で行うダイエットはどのような方法で行うべきかと言うと、柱は2つあり「筋トレ」と「食事のコントロール」です。ダイエットのイメージと言えば、ウォーキングやジョギングなどの有酸素運動をイメージする人も多いと思いますが、短期集中でダイエットをするのであれば、とにかく「筋トレ」を優先して行ってください。

なぜウォーキングやジョギングなどの有酸素運動ではなく、筋トレが優先かと言うと、筋トレと有酸素運動どちらかを選ぶとすれば効果的にも高く、時間的な効率の面から見ても、圧倒的に筋トレのほうが有効だからです。

もちろん、体力的そして時間的な余裕があれば、有酸素運動を追加することで、よりダイエット効果が高まりますが、まずは筋トレに集中してください。ただ、筋トレと言っても楽にできる筋トレでは意味がありません。強度が高くしっかりと筋肉に負荷のかかる高強度の筋トレを行うことで、ダイエット効果が劇的に得られます。

次に食事制限ですが、私がおすすめしている食事法は個々の生活スタイルに合った食事制限を行う方法です。性別や年齢、そしてダイエットの目標数値や体型などによって食事メニューを考えるべきなのですが、今まで食べている食事の内容や栄養素をあまり変化させずに全体的なカロリーを落としていくことが大切なのです。

最近流行っている糖質制限ですが、元々糖質の摂取量が少ない人であれば、栄養素の割合を変化させせずカロリーを制限していくことで効果的です。しかし元々糖質摂取の割合が多い人が急に糖質制限を行うと、すぐに停滞期が来てしまったり低血糖の状態になりやすくなったりします。日常生活に支障が出るような疲労感や虚脱感などを感じることも多いのです。

つまり、ダイエットのための食事は基本的に今まで食べている物や栄養素を基礎として、食事制限のためのメニューを考えてください。もし、メニューを考えたりつくったりするのが難しいと思ったら、いつもの食事をすべて内容は変えず量を半分に減らしてみてください。

短期集中のダイエットで行う食事制限の基本は、カロリーを制限することにあります。ですので、糖質を制限したらよいとか糖質よりも脂質を減らすべきなどの一時的な流行りに惑わされることなく、1日の食事から摂るカロリーを減らしましょう。

このように高強度の筋トレとカロリー制限を基本とした食事制限で、あなたの理想の体に近づくことができます。

2 まずは筋トレ基礎4種目をやりましょう

何事も基礎が大切です

ダイエットのためには有酸素運動よりも筋トレがよいのはわかったけれど、一体何から始めればよいのかわからない方も多いと思います。以前から筋トレをする習慣のある人や学生時代などに筋トレをした経験がある人であればすぐに始められますが、経験がない人は筋トレの動きに慣れたり筋トレをするための基礎体力をつけたりする必要があります。

筋トレの種目は様々なものがありますが、私はダイエットを始める人に対して、まずは4種目の筋トレをおすすめしています。この4種目の筋トレは体の大きな筋肉を鍛えることができ、なおかつ動きが比較的簡単なものですので、筋トレ経験がない方はぜひチャレンジしてください。

【図表１　スタートポジション】

【図表２　肩回し】

（１）肩甲骨を意識した肩回り運動

これはダイエットのための筋トレを行う時に最初に行う種目としておすすめです。やり方は次のとおりです。

①肩幅ぐらいに脚を開き、背筋を伸ばしまっすぐ立ちます（図表１　スタートポジション）。

②左右の手で拳をつくり胸の前に置きます（体力に自信があれば、軽いダンベルやペットボトルなどを持ってもよい）。

③肩甲骨の動きを意識して左右の肩をゆっくりと回していきます（図表２　肩回し）。

④徐々にスピードを速めて、最後は全力で回していきます。

この種目の目的は肩を回すことではなく、肩甲骨を動かすことですので、背中の動きを常に意識して行ってください。

肩甲骨の動きが悪いと、他の筋トレを行うときに効果が半減してしまったり、ダイエット効果にも悪影響が出ますのでしっかりと動きを習得してください。

回数の目安としては50回ぐらいで10回ごとにスピードを上げていくことをおすすめしています。

【図表３　スタートポジション】

【図表４　腕立て伏せ】

（２）膝を付いたプッシュアップ

①膝に両膝を付けて腕立て伏せの姿勢を取ります（図表３　スタートポジション）。

②両手は肩幅か少し広めにして床につけます。

③肘を曲げ、胸を床に付けるイメージで体を下げていきます（図表４　腕立て伏せ）。

④一瞬キープして元に戻していきます。

この種目は胸の筋肉である大胸筋と二の腕の裏にある上腕三頭筋を鍛える種目です。ポイントとしては背中を丸めずゆっくりとコントロールしながら動かしてください。

回数はフォームが崩れない程度の回数で行い、目安は20回ぐらいで行いましょう。

（３）足をくっ付けたクランチ

①床に仰向けになり、両足の裏をくっ付けて、手を頭の後ろに置きます。

②ゆっくりと息を吐きながら、お腹を見るように体を丸めていきます。

【図表５　スタートポジション】

【図表６　スクワット】

③肩甲骨が床から完全に離れるぐらいまで体を起こしたら、一旦元に戻してください。

この種目は腹筋の中でも1番大きな筋肉である腹直筋を鍛えるエクササイズです。よく腹筋を鍛えるために膝を立ててクランチを行う人が多いのですが、膝を立ててしまうと腹直筋だけでなく股関節周辺の筋肉を使ってしまうため、必ず足の裏をくっ付けて行いましょう。

回数の目安ですが、クランチの場合は回数よりの筋肉に刺激が加わることが大切です。ですので、ゆっくりと正しいフォームで行い、もうできないと思ってからさらに5～10回行うようにしてください。

（４）スクワット

①脚幅を肩幅よりもやや広めに開いて、両手を胸の前で組んで背筋を伸ばしてまっすぐに立ちます（図表５　スタートポジション）。

②その姿勢を維持したまま、膝が床と平行以下になるぐらいまでしっかりとしゃがみましょう（図表６　スクワット）。

③その動作を繰り返します。
④膝がつま先よりも前に出ないように注意しましょう。
この種目は基礎4種目の中で最も大切な種目です。スクワットと聞くと下半身のエクササイズと思うかもしれませんが、体を支えるために腹筋や背筋などの体幹も一緒に鍛えることができる全身運動です。

回数は20〜30回を目安に正しいフォームで行ってください。

3　ダイエット成功の鍵は肩甲骨と骨盤の連動性

体の使い方をマスターしましょう

高口式ダイエットメソッドは、何も魔法のような方法がある訳ではありません。最近はダイエットや美容に関する情報が溢れており、もちろん理論的で効果的なダイエット法もたくさん出回っています。

しかし明らかに理論的ではなく、ロジックがしっかりしていないダイエット法を提唱している人も多くいます。それはきっと見た人の興味を引きつけるためにインパクトのある方法や、誰でも簡単にできる印象を持たせようとしているためだと思います。

まず、ダイエットの基本的な考え方はとてもシンプルです。しっかりと食事の制限をして、頑張って体を動かすことしかないのです。その中でより効果を引き出す方法を探したり、ダイエットに繋がる食事を考えたりする訳です。

筋トレに関して私が最も大切にしているのは、肩甲骨と骨盤の連動性を高めることです。肩甲骨と骨盤の連動性と聞くとイメージしにくいかもしれませんが、歩く動作をイメージしてみてください。人が歩くときに最初に行う動作は腕を振ることです。この腕を振る目的は、肩を動かすことではなく肩甲骨を動かすことなのです。

この肩甲骨の動きが体幹を介して骨盤へと繋がり、足が前に出る動きとなります。この動きがスムーズになると、動作に使用される筋肉の稼働率が高まり、より多くのカロリーが消費されるようになるのです。

もう少し深い話をすると、体の動きでより大切になるのは、右の肩甲骨と左の骨盤そして左の肩甲骨と右の骨盤を効率よく動かすことです。肩甲骨と骨盤は対角線で動く働きがあるため、この対角線の動きを意識して、より効率よく動かせるようにトレーニングをするべきなのです。

筋トレで肩甲骨と骨盤の連動性を高めることも大切なのですが、まずは次の動きで連動性を高めましょう。

肩甲骨と骨盤の連動性を高めるエクササイズ

①脚幅を腰幅程度に保ち、背筋を伸ばしてまっすぐに立ちます。

②両腕を90度に曲げて拳を握り、手の甲が前にくるようにします（図表7　スタートポジション）。
③その姿勢のまま、右の肘と膝を合わせるようにします（図表8　ニーエルボータッチ）。
④次に体を対角に捻りながら、右の肘と左の膝を合わせましょう（図表9　対角ニーエルボータッチ）。
⑤今度は同じ動きを左肘と左膝そして左肘と右膝を合わせていきましょう。
⑥この動きをテンポよく繰り返してください。

肩甲骨の動きが悪いと背中が丸くなりやすくなります。姿勢が悪くなると代謝が悪くなり、見た目にも太って見えてしまいます。ダイエットのためにトレーニングをする場合には、常に肩甲骨と骨盤の動きを意識してください。

【図表7　スタートポジション】

【図表8　ニ―エルボータッチ】

【図表9　対角ニ―エルボータッチ】

4　美しいボディラインはアウトラインをしっかりとつくりましょう

アウトラインは印象を決定づけます

ダイエットをしたいと思ったときに、あなたはどんな理想の自分をイメージしますか？

この理想の自分像はもちろん人それぞれ違いますし、目的やゴールも異なります。ただし共通することは「美しく見られたい」「若く見られたい」「細いと思われたい」だと思います。

では美しい体とはどんな体なのでしょうか？　もちろん、体重や体脂肪が落ちるということは確実に細くなっているということですが、「私は体重○○kgです」と掲げている訳ではないため、一番は「細く見える」「美しく見える」が大切なのだと思います。

では、実際の体重よりも細く見える美しく見えるために必要なことは何かと言うと、「アウトラインをくっきりさせること」です。体におけるアウトラインとは、外側の枠組みのことを言います。

人は誰かの体を見るときには1つの部分やパーツを見ると言うより、全体の形をぼんやりと見て印象を受けたり判断をするのです。そのために体の個々のパーツがしっかりと鍛えられており、体の線がくっきりしていると、美しく見えたり実際の体重よりも細く見えるのです。

では、アウトラインを際立たせるためには何をしたらよいでしょうか。そのためには、体の外側にある筋肉を中心に鍛えることを意識してください。具体的には次の筋肉です。

【図表10　スタートポジション】

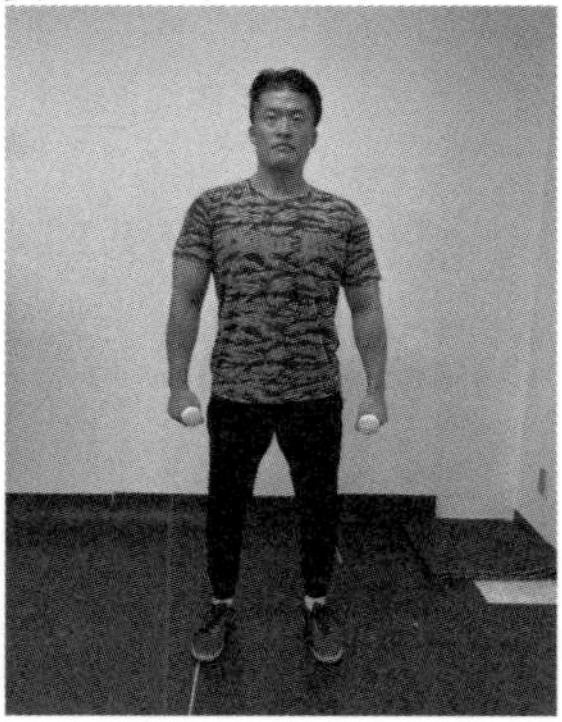

【図表11　サイドレイズ】

①肩の筋肉である三角筋中部
②二の腕の裏にある上腕三頭筋
③ウエストラインのくびれにある外腹斜筋
④太ももの外側にある外側広筋
⑤ふくらはぎの外側にあり腓腹筋外側頭

　これらの筋肉をしっかりと鍛えることでアウトラインをくっきりとつくることができます。ではアウトラインをつくるトレーニングを行いましょう。

肩のアウトラインをつくるサイドレイズ

①肩幅程度に脚を開き、両手にペットボトルまたはダンベルを持ち背筋を伸ばして真っすぐ立ちます（図表10　スタートポジション）。
②そのままゆっくりと真横にダンベルを持ち上げていきます。肘は軽く曲げてください（図表11　サイドレイズ）。
③肩の高さまで持ち上げたら、一瞬止めてゆっくりと戻していきます。

【図表12　スタートポジション】

【図表13　ナロープッシュアップ】

この種目は肩の横の枠組みをつくるトレーニングですので、勢いなどを付けずに丁寧な動作を心がけて、肩の筋肉を使っていることを確かめながら行ってください。

回数は20〜30回を目安に行いましょう。

二の腕のアウトラインをつくるナロープッシュアップ

①脚を肩幅程度に広げて床に膝を付けて、腕立て伏せの姿勢を取ります。そのとき両手の人差し指と親指を使って、正三角形をつくりましょう（図表12　スタートポジション）。

②脇を締めた状態のまま、肘を曲げていき体を下げていきます。

③手の平は胸に位置になるようにコントロールします（図表13　ナロープッシュアップ）。

この種目は二の腕の裏側を鍛えることなので、しっかりと肘を伸ばした状態まで体を持ち上げてください。

ウエストのラインをつくるスタンディングツイスト

①脚を肩幅ぐらいに開き、両手を組んで、少し膝を曲げてリラックスして立ちます（図表14　スタートポジション）。

②首をまっすぐに保ったまま、顔を正面にして肩を左右に捻ります（図表15　スタンディングツイスト右）（図表16　スタンディングツイスト左）。

③この動きをリズムよく繰り返しましょう。

【図表14　スタートポジション】

【図表15　スタンディングツイスト右】

【図表16　スタンディングツイスト左】

この種目は常にお腹に力を入れておき、お腹を捻る感覚を感じながら行ってください。

引き締まった脚をつくるチェアレッグエクステンション

①椅子の上に膝の真下に足首が来るように深く座り、手は太ももの上にのせておきましょう（図表17　スタートポジション）。
②状態を保ったまま膝を伸ばしていきます。太ももに力を入れながら、小指が上を向くように捻ってください（図表18　チェアレッグエクステンション）。
③一瞬止めたら元に戻します。
④この動作を左右繰り返します。

太ももの外側の筋肉を意識して、膝の曲げ伸ばしを行ってください。

引き締まったふくらはぎのラインをつくるカーフレイズ

①壁際に立ち、肩幅に開いた両手を壁に垂直に付ける。
②足は肩幅よりやや狭くして、つま先を少し外側に向ける（図表19　スタートポジション）。
③その姿勢のままつま先立ちをして、一番高い場所で一度停止する（図表20　カーフレイズ）。
④ゆっくりと下ろして繰り返します。

つま先立ちをするときに重心を少しだけ小指側にすることで、腓腹筋外側頭に効果があります。

【図表17　スタートポジション】

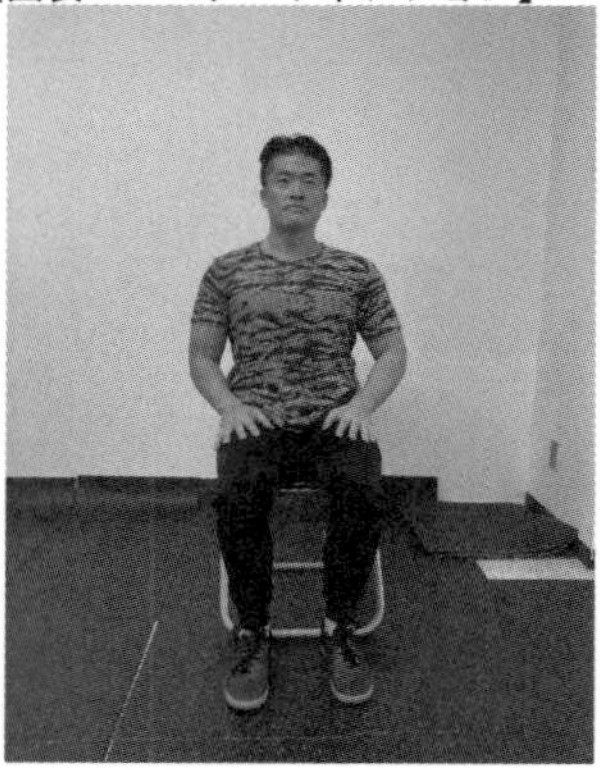

【図表18　チェアレッグエクステンション】

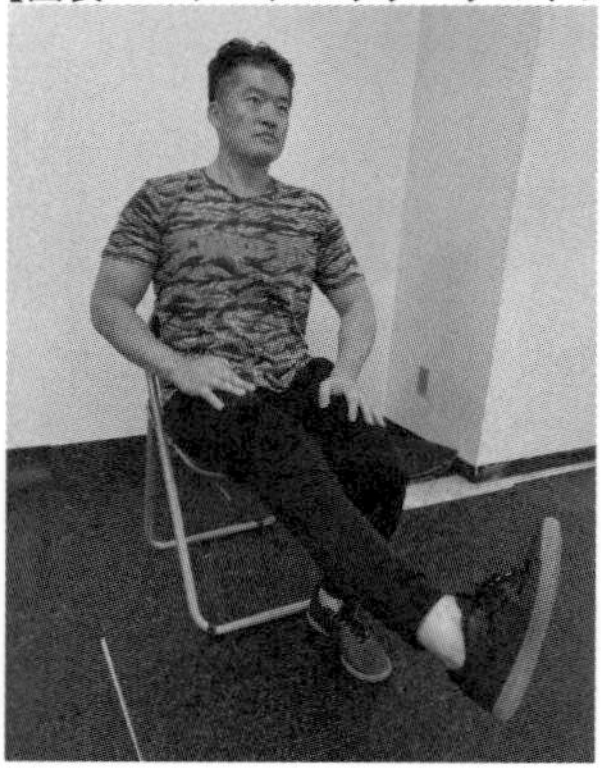

【図表19　スタートポジション】

【図表20　カーフレイズ】

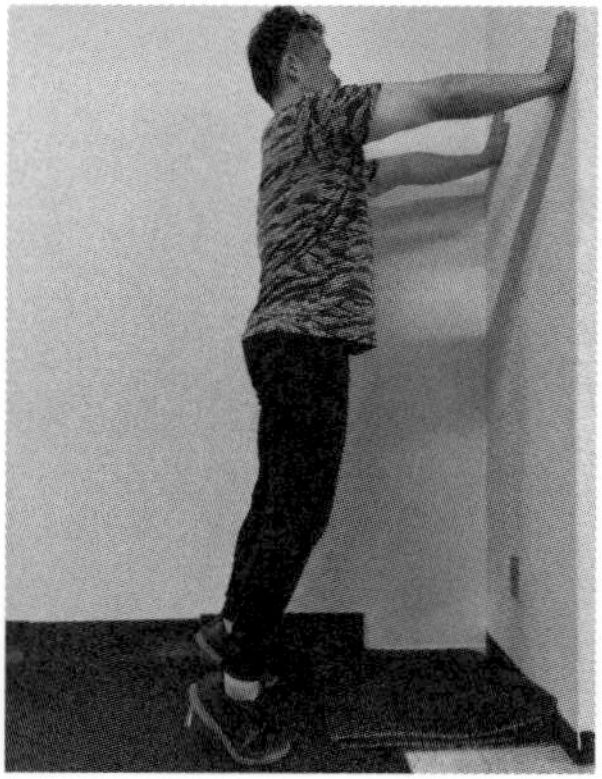

5　トレーニングの原則を理解しましょう

トレーニングの5原則は大切です

短期間で集中的にダイエットをするには筋トレが効果的と言うのはわかったけれど、「どんな方法でやったらよいの？」と思う人も多いと思います。

よくダイエットのためにはこのようなトレーニングをしましょうとか、こんな運動がおすすめなどトレーニングの種類や種目に関する情報はたくさんあります。ただし、根本的なトレーニングの原理原則に関しての情報は少なく、知らない人も多いと思いますので紹介します。

この原理原則を理解することで、一歩踏み込んだ深い知識を知ることができ、プラスの効果をもたらしてくれます。

トレーニングの5原則

①過負荷（オーバーロード）の原則

トレーニングを行う人にとって目的は様々ですが、効果を引き出すために共通することがあります。それは体にかける負荷をいつもより強くしないと、体は変化しないと言うものです。

例えば、ダイエットのために、１kgのダンベルを持ってトレーニングをしていたとします。最初はこの1kgのダンベルの負荷が、体にとっては強いため体は変化していきます。1kgの負荷に慣れてきて楽々とできるようになってしまったら、同じことを繰り返しても体に変化は見られません。

この場合は過負荷の原則に従い、2kgのダンベルを使ってトレーニングをする必要があります。私がトレーニング指導をしているクライアントさんたちにも、体の変化が止まったら段階的に負荷を強くしています。最初は1kgのダンベルで重そうにしていた人でも、2か月後には4~5kgのダンベルを楽々と扱っています。

②漸進性（ぜんしんせい）の原則

漸進性とは少しずつ進むと言う意味であり、ダイエットのためのトレーニングを行うときにいきなりキツいトレーニングを行うことはせずに、体力レベルに合わせて段階的にレベルを上げていきましょう。レベルを上げる方法とはダンベルなどの重りを増やす、種目数や回数を増やす、休憩時間を短くするなどがあります。

③特異性の原則

特異性の原則とは、「目的に合った運動をすることが最大限の効果を引き出す」という原則です。つまり、ダイエットのためにトレーニングをする場合、筋肉を刺激し脂肪を燃焼させるためのトレーニングを行わないと効果がないという意味です。

④可逆性の原則

この原則は、せっかくダイエットのためにトレーニングをして効果を得られても、短期間で止めてしまうと効果がすぐになくなってしまうと言う原理です。つまり、数日間だけ全力で頑張るより、コツコツ続けることが大切だという考え方です。

⑤全面性の原則

鍛えたい部分だけをトレーニングするのではなく、全身のバランスを考えてトレーニングすることが大事という意味です。よくクライアントさんの中で、「ヒップアップをしたいからお尻だけを鍛えたい」とか「腹筋を割りたいから腹筋のトレーニングだけをたくさんやりたい」というリクエストが出るのですが、鍛えたい部分だけトレーニングをするよりも、全身をバランスよく鍛えることで結果的に鍛えたい部分も効果が出やすい状態になります。

トレーニングの原則というと、少し難しいことのように感じるかもしれませんが、まとめると体にしっかり負荷をかけてコツコツ続けながらレベルアップしていき、トレーニングの種類ややり方を考えながらバランスよく鍛えましょうということです。

6　ダイエットに整体を取り入れて美しさアップ

ダイエットと整体との相性が抜群

「ダイエットを効率良く進めるために、何かできることはありませんか？」という質問をよく受けます。基本的にダイエットは体を動かし食事をコントロールすることが何より大切なのですが、もっと効果を出したいもっと美しくなりたいと考えたときにいくつかの物が考えられます。

例えば、エステサロンで痩身機器を使う、マッサージサロンなどで筋肉を揉みほぐしてもらう、オイルを使ってリンパマッサージなどをしてもらう、通販でダイエット器具などを買って使用するなどが考えられますが、これらの方法はおすすめしません。

まずエステサロンに通うことは、ダイエットにとってプラスの作用があるかもしれませんが、そこにかける費用と時間を考えるとコスパが圧倒的に悪いと言えます。マッサージに関しては筋肉の疲労を取り除いたり、体のむくみを減らす効果はありますが、目に見える大きなダイエット効果は低いと言えます。ただ、エステかマッサージのどちらかと言えば、マッサージをおすすめします。

私が最もダイエットをする上でおすすめするのは整体を受けることです。

「ダイエットと整体は何か関係があるの？」と思われる人も多いと思いますが、整体はものすごく関係があり、ダイエットをする上で相性がよいのです。

なぜ、私が整体をおすすめするのかというと、食事やトレーニングで変化できるのは、筋肉や脂肪そして靭帯や腱などの軟部組織であり、体の土台となる骨格を刺激することができにくいのです。

その点、マッサージに似た自称整体ではない、本格的な整体は、骨盤を代表とした骨格の歪みを整えたり、深層部にある筋肉をほぐしたりすることで血流がよくなります。リンパの流れがスムーズになり、基礎代謝が上がる可能性もあります。また骨格が正しい位置になると、姿勢が正しくなります。正しい姿勢を維持するための筋肉が使われるため、カロリーも消費されやすくなります。

これらの点から、ダイエットをする中で、少しでも時間的及び金銭的な余裕があれば、ダイエット中は整体院で施術を受けることをおすすめします。ただし整体であれば、何でもよいわけではありません。全く知識も技術もない自称整体師がたくさんいますので、ダイエット効果が出る整体院及び整体師を選ぶポイントを次に３つお伝えします。

ポイント1／人気の整体院に行きましょう

「人気＝技術が高い」この法則がすべて成り立つ訳ではありません。しかし、人気のない整体院は技術レベルが低い可能性が高いと言えます。

では、人気の整体院を見つけるにはどうすればいいのでしょうか。友人や家族などから紹介されたところがあれば行ってみましょう。誰かに紹介すると言うのは、きっと自分自身がよい体験をしたからだと思いますのでおすすめです。

次に予約が簡単に取れないところに行きましょう。例えば当日に予約をしてすぐに受けつけてくれるような場所はきっと暇な整体院です。後はネットの口コミや評判を見るのも参考にはなります。

このような方法で、できるだけ人気の整体師がいるお店に通いましょう。

ポイント2／整体師に「ダイエットに整体は効果的ですか？」と質問してみましょう

せっかくダイエットのために整体をするなら、なぜ整体がダイエットに効果的かしっかりと説明できる整体師に施術をしてもらいましょう。ぜひ予約時か初回の来院時に「ダイエットに整体は効果がありますか？」と質問してください。

・もし骨格が歪んでいたら矯正することで、ダイエットにどんな効果があるのか？
・整体を行うと基礎代謝やホルモン分泌などにどんな影響があり、ダイエットにはどのような効果があるのか
・骨格を矯正することで体のラインにどのような影響があり、どのように美しくなるのか
その中の説明で、このような話を具体的になおかつ自信を持って話してくれる整体師であればぜひお任せしましょう。もし、少し違和感を感じたら違う整体院を探してください。

ポイント3／施術の頻度は1週間から10日に1回コンスタントに通いましょう

整体を受けることで骨格を整え、ダイエットの効果を高めたいと思ったら、1回行けば大丈夫ではなく、理想は1週間から10日に1回コンスタントに通う必要があります。骨格を矯正するには、脳に正しい姿勢を学習させる必要があり、それには等間隔で通うのが効果的です。

ダイエットを頑張った上で、整体を組み合わせると、本当に効果があります。ぜひご自分に合う整体師を見つけて施術を受けてください。

7　ダイエットに効くおすすめセルフ整体

セルフ整体で手軽に体を整えましょう

ダイエットを進めていく中で整体を取り入れると、効果的だとわかったけれど、定期的に通うに

【図表21　肩甲骨整体スタート】

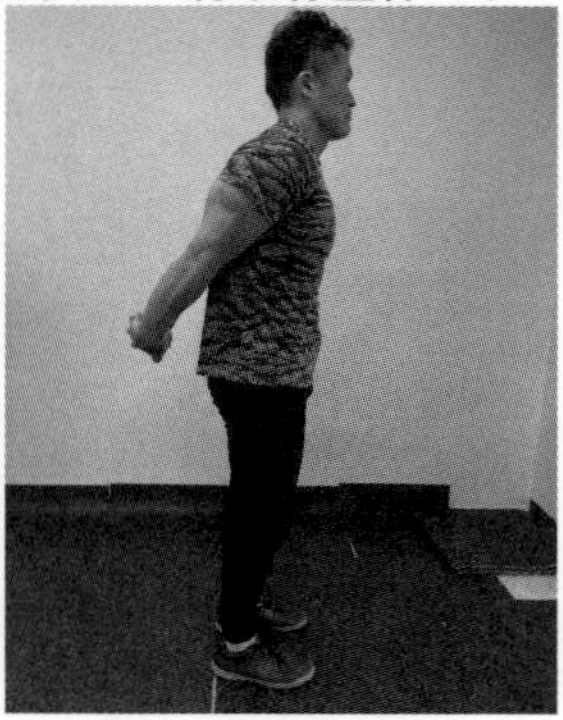

【図表22　肩甲骨整体】

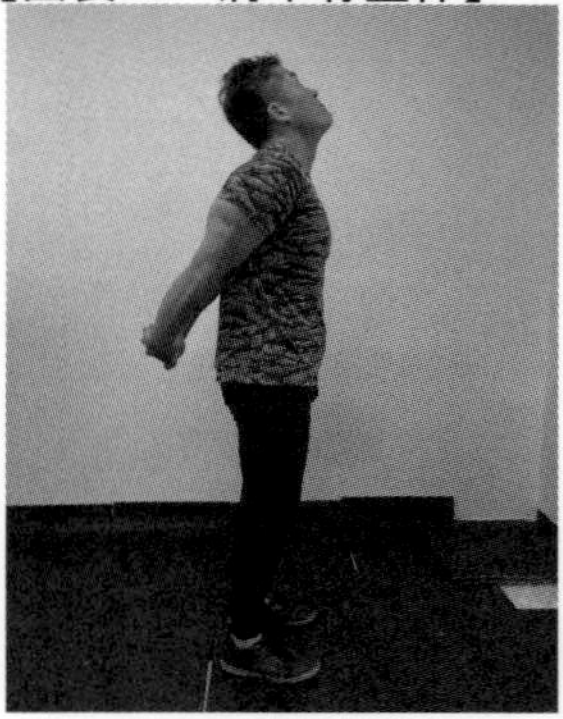

は時間的にも金銭的にも余裕がない方も多いと思います。

そこで今回はひとりで行えるセルフ整体のやり方を紹介します。セルフ整体は整体師に施術を受けるよりも効果はかなり低くなります。

ただし、毎日コツコツと続けることで少しずつ体の歪みを整えたり、姿勢を変化させることができます。

整体院に通うことはできないから骨格を整えるのはいいやと諦めるのではなく、少しでも美しいボディラインになるようにセルフ整体を行ってください。

肩甲骨の歪みを整えるセルフ整体

①背筋を伸ばし胸を張って両手を後ろで組みます。そのときに腕はまっすぐ伸ばし、肩甲骨を寄せる意識をします（図表21　肩甲骨整体スタート）。

②その状態のままゆっくりと首を上げていき、これ以上上げることができない場所で止めます（図表22　肩甲骨整体）。

③その姿勢のまま約20秒静止してください。

肩甲骨は左右の歪みがあると、体全体の歪みに影響してしまうために、非常に大切な部位になります。肩関節が硬い人や大怪我の経験をしたことがある人は、腕が伸びきらなかったり、肩甲骨を寄せる意識ができなかったりするかもしれませんが、無理矢理やったりせずにできる範囲内で最大限の動きをしてください。

【図表23　鎖骨整体スタート】

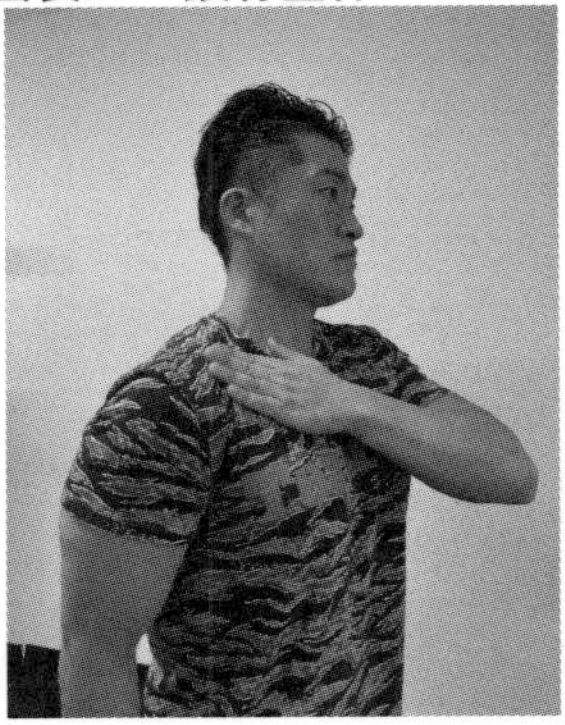

【図表24　鎖骨整体】

鎖骨の高さを整えるセルフ整体

①胸を張りまっすぐ立ち、右の鎖骨の部分に左手を添えます。
②手の平を鎖骨に沿って横に15秒間動かします。マッサージをする感覚で少し強めに動かしてください（図表23　鎖骨整体スタート）。
③手を何かに引っかけて、胸をストレッチするように伸ばしていき20秒静止します（図表24　鎖骨整体）。
④同じ動きを左の鎖骨でも行ってください。

鎖骨は左右の高さに差があると、デコルテラインのバランスが悪くなり、見た目の美しさに影響が出てしまいます。

【図表25　肩甲骨骨盤整体スタート】

【図表26　肩甲骨骨盤整体】

本来なら整体院に行って首の矯正や鎖骨の調整をしてもらうのがベストですが、セルフ整体でもある程度の効果がありますのでぜひ行ってください。

肩甲骨と骨盤のバランスを整える

①腕と太ももが床に垂直になるように四つん這いになります(図表25　肩甲骨骨盤整体スタート)。

②両手を強く床に押し付けながら、背中を丸めていきます(図表26　肩甲骨骨盤整体)。

③背中をしっかり丸めたら、ゆっくりと元に戻していきます。この整体は背中を丸めるときに肩甲骨と骨盤の動きを同時に意識して動かしてください。

肩甲骨と骨盤の動きはダイエットに関連性が高いのでぜひ行ってください。

骨盤の広がりを戻すセルフ整体

①脚幅を肩幅ぐらいに開いて、床の上に仰向けになります(図

表27　骨盤閉じ整体スタート）。
②体をリラックスしたまま、つま先をくっ付けます（図表28　骨盤閉じ整体1）。
③その姿勢のまま脚を30センチぐらいの高さまで上げる（図表29　骨盤閉じ整体2）。
④10秒間静止したら一気に脱力して脚を落とします

骨盤は周辺のインナーマッスル（深部の筋肉）が弱まると広がってしまうので、骨盤の整体をしてしっかりと締めていきましょう。その際、勢いをつけて行うと、腹筋や太ももの筋肉をたくさん使ってしまうので、ゆっくりと丁寧に行ってください。

【図表27　骨盤閉じ整体スタート】

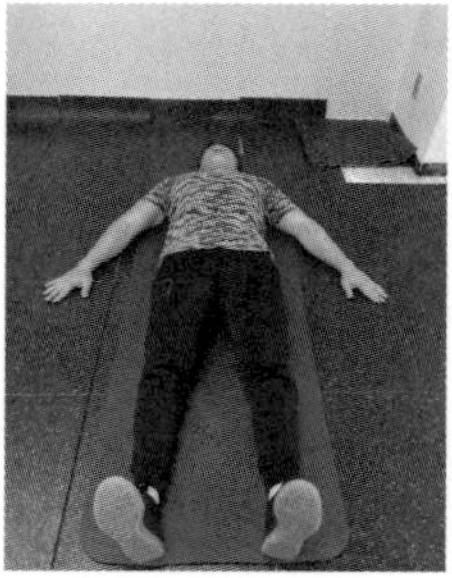

【図表28　骨盤閉じ整体１】

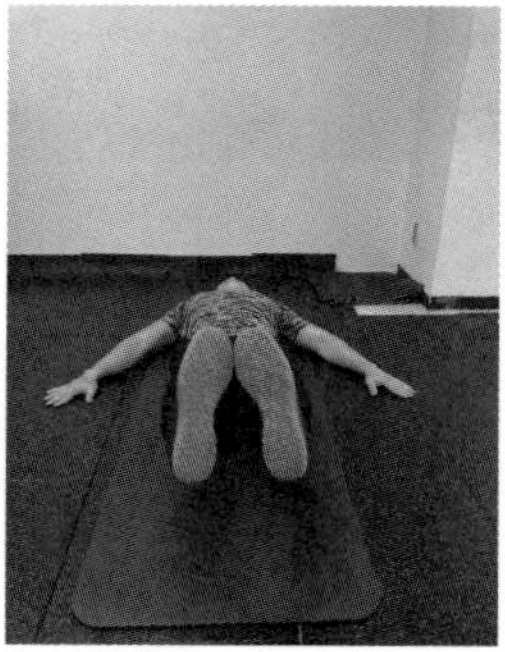

【図表29　骨盤閉じ整体２】

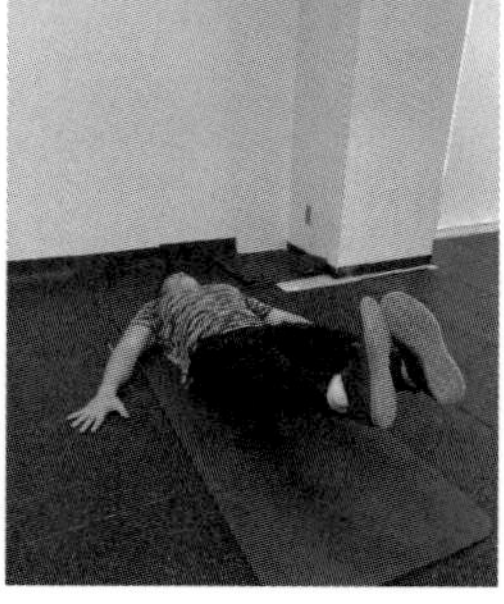

姿勢をチェックする方法

自分の姿勢は正しい姿勢なのか、猫背や反り腰などの悪い姿勢なのかが判断ができない人も多いと思います。そこで猫背及び反り腰かどうかを判断するチェック方法および改善のためのストレッチを紹介したいと思います。

・猫背チェック

①壁の前で脚を肩幅程度に開き、背筋を伸ばしてまっすぐ立ってください（図表30　姿勢チェック）。
②自然に立ったときに頭・背中・お尻・かかとの4点が壁に付いているかチェックしてください。
③しっかりと付いていたら正しい姿勢です。
④もし、頭かお尻が壁から離れていたら、猫背の可能性が高いです。

・猫背の矯正法(1)

①脚を肩幅に開き、椅子に深く座ります。
②顔を下に向け両手を前に伸ばして、その姿勢のまま10秒間キープします。そのときに肩甲骨を伸ばす感覚を持ってください（図表31　猫背矯正スタート）。
③顔を正面に向け、その状態で肘を身体の後ろに引きます。肘を限界まで引ききったら、その姿勢で10秒間キープしましょう（図表32　猫背矯正(1)）。
④最後にさっきの姿勢から肘の高さは変えずに手の平を正面に向けて、その姿勢で10秒間キープしましょう（図表33　猫背矯正(2)

【図表30　姿勢チェック】

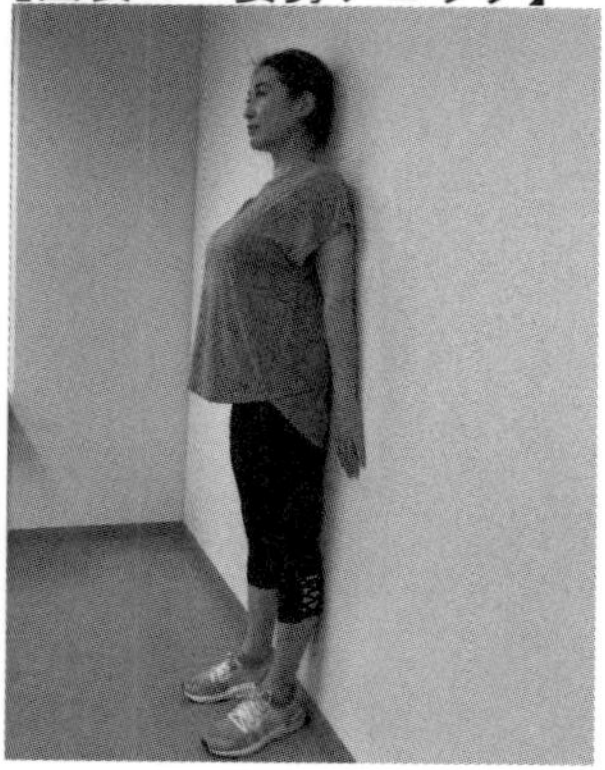

【図表31　猫背矯正スタート】

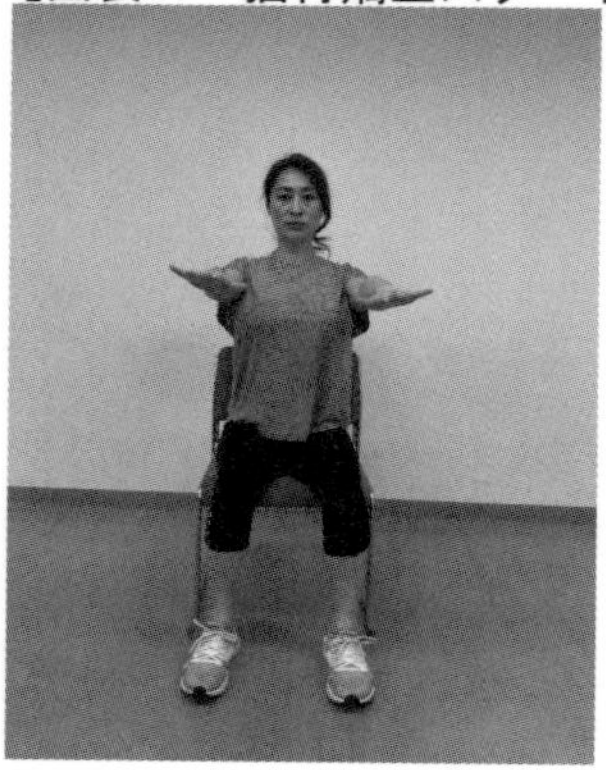

【図表32　猫背矯正(1)】

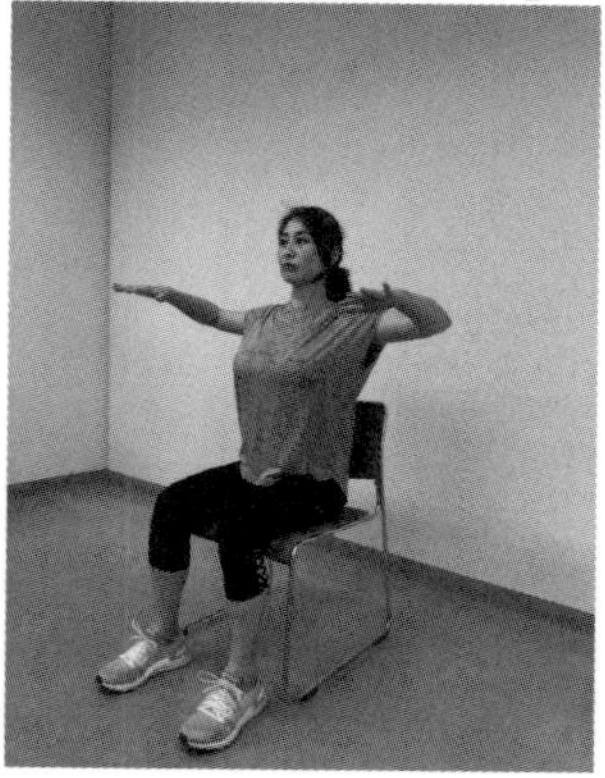

【図表33　猫背矯正(2)】

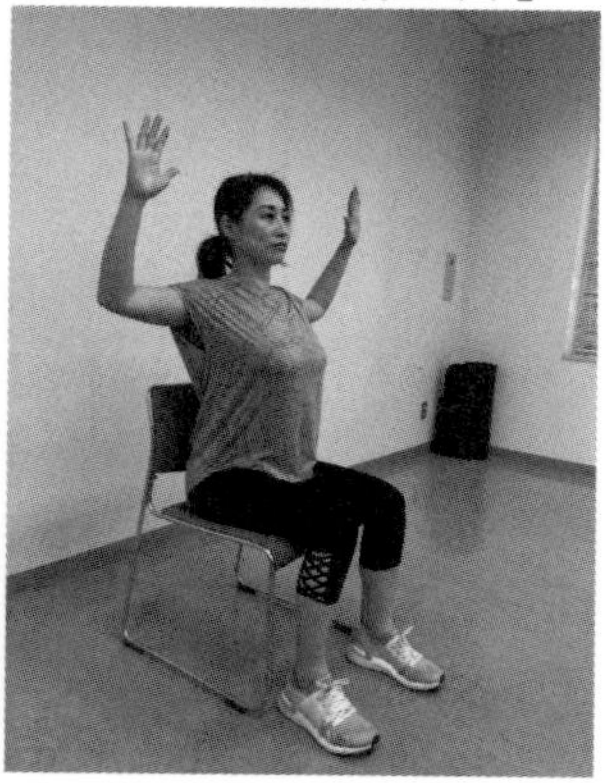

・猫背の矯正法(2)

①バスタオルを丸めて、床に置きタオルが肩甲骨の下にくる位置で仰向けになりましょう（図表34　タオル巻き）。

②その姿勢のまま腕を頭の上にバンザイをするようにしてください。1～3分間キープします（図表35　タオルバンザイ）。

③この矯正は体をリラックスした状態で行うことと、少しずつバンザイ姿勢をキープする時間を伸ばしてください。

・反り腰のチェック法

①平らな床に肩幅に脚を開き、仰向けになってください（図表36　仰向け）。

②仰向けのまま、ゆっくりと膝を立ててみてください（図表37　膝立て）。

③仰向けの姿勢のときに腰が強く引っ張られる感覚や痛みがある場合は反り腰の可能性が高いです。

④腰に強く引っ張られる感覚や痛みがなくても、膝を立てたときに腰に違和感を感じる人も反り腰の可能性があります。

・反り腰の矯正法

①両足の裏を付けて、背筋を伸ばして座ります（図表38　反り腰矯正スタート）。

②その姿勢のまま体を前に倒していきます（図表39　反り腰矯正）。

③体を丸めるよりも背筋を伸ばしたまま、体を前に倒す意識で行い1分間キープしてください。

【図表34　タオル巻き】

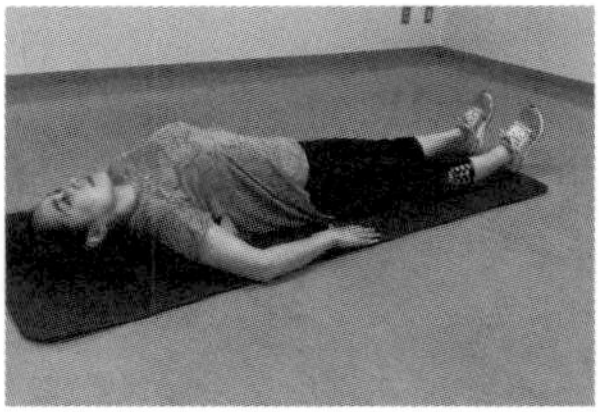

【図表35　タオルバンザイ】

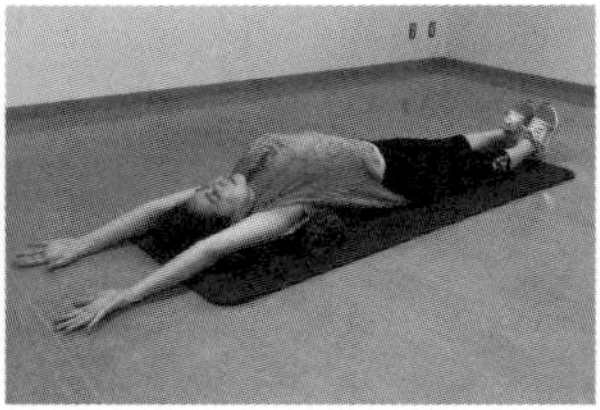

【図表36　仰向け】

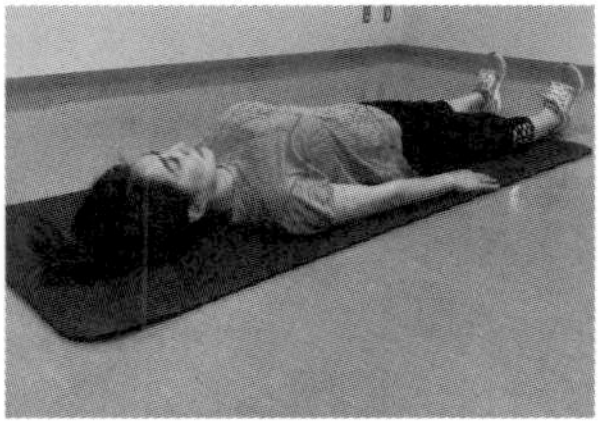

【図表37　膝立て】

【図表38　反り腰矯正スタート】

【図表39　反り腰矯正】

8　リバウンドのメカニズムと対処法

リバウンドを正しく理解し最小限に抑えましょう

・ダイエットをしたいけれど、リバウンドはしないのでしょうか？
・以前大幅なダイエットに成功したのだけれど、すぐにリバウンドしてしまった。
・ダイエットしたいけれどリバウンドが怖くて踏み出せない。
・高口式ダイエットはリバウンドしませんか？

ダイエットに関する質問を多く受ける中で、リバウンドに関する質問は数で一番多いと思います。それだけ多くの人がダイエット後のリバウンドの心配をしていたり、リバウンドをしたりした経験がある人が多いのだと思います。

そもそもダイエットにおけるリバウンドとは何なのか？　そのメカニズムについて説明したいと思います。

①ダイエットを決意してアンダーカロリー（消費カロリーが摂取カロリーを上回る）状態を維持するために運動や食事制限を頑張って行う。
↓

②最初は体重や体脂肪が減少していき、順調にダイエットが進む。
↓
③体には「ホメオスタシス」という常に一定に保ちたい元に戻したいという機能が備わっており徐々にその機能が働く。
↓
④あるときから急に体重が減りにくくなったり、体型が変化しなくなったりする。
↓
⑤そこでダイエットを諦めてしまう人とそれでも頑張って目標までダイエットをする人に分かれる。
↓
⑥ダイエットが終了し、運動習慣や食生活がダイエット前の状態に戻る。
↓
⑦ホメオスタシスはそのまま働いているため、すぐに体重がダイエット前に戻ったり、ダイエット前よりも増えたりしてしまう。

これがリバウンドのメカニズムです。世の中にはリバウンドしないダイエットという情報がたくさん出回っています。その考え方は、すべての人間に備わっているホメオスタシスの機能を否定することになり、そこには科学的な根拠が乏しく、信ぴょう性が低いと言えます。

「高口式のダイエットメソッドはリバウンドしませんか？」という質問に関しては、私は「リバウンドはすべての人がする可能性があり、リバウンドしないダイエット法なんてありません」と答えるようにしています。基本的にどんな方法でダイエットをしても、オーバーカロリー（消費カロリーが摂取カロリーを下回る）状態が続けばリバウンドしていきます。

しかし、私がダイエット指導させていただいたクライアントさんの多くが、リバウンドを最小限に抑えてダイエット後にも体重や体型を維持しています。その秘訣を３つ紹介したいと思います。

①リバウンドはするものだと思ってダイエットをスタートする

この考え方をすることは少し辛いかもしれませんが、「ダイエットを始める前にリバウンドはするものなのだ」という認識をしてダイエットを始めることが大切です。リバウンドしないダイエットがあれば素晴らしいですが、現実はそんな方法はありません。運動をしないでたくさん食べたらリバウンドするのが現実です。

②ダイエット後のリバウンド対策を考えながらダイエット計画を立てる

ダイエットをしようと決意したときに、人は体重や体脂肪を落とすことだけを考えてしまいます。ただし、ダイエットは一時的に体重や体脂肪を落とすことではないので「○か月間で体重を○○kg落として、その後は○○kgの体重を維持しよう」とダイエット後のことも考えましょう。

③おすすめの具体的なリバウンド対策はこれです

もしあなたが２か月間で体重マイナス10kgのダイエットに成功したとします。その時点で「２・

５kgまでのリバウンドは許容しよう」と決めるのです。そしてダイエット後に徐々に体重が増えてしまい、プラス２・５kgまで増えてしまったとします。その時点ですぐにダイエット時の生活に戻すのです。

そうすれば個々の体質にもよりますが、25％のリバウンドだと10日前後で元に戻すことができます。そしてまた普通の生活に戻す。この繰り返しをすることで、多少の変動があっても体重や体型を維持できるのです。

9　停滞期のメカニズムと打破する方法

停滞期は体が正常に機能している証拠です

本気でダイエットをすると、多くの人が壁にぶち当たる停滞期。

一生懸命食事のコントロールをしても、しっかり筋トレをしても、体重も減らないし体型の変化も実感できない。この辛い停滞期を乗り越えることができずに、ダイエットをやめてしまう人も少なくありません。

しかし、「停滞期がなぜ起こるのか？」「どんなタイミングでどれぐらいの期間続くのか？」また「どのように対処したら乗り越えることができるのか？」などの方法を知っておけば、ダイエットをスムーズに行うことができます。

停滞期とはどんな状態か？

ダイエットにおける停滞期とは、文字通りダイエット期間中に体重が全く減らなくなったり、体型が変化しなくなったりする期間のことを言います。多くの人がこの期間に食事の量を少し減らしてみたり運動量を増やしてみたりしますが、ほとんど効果が出ず体重や体型に変化は見られません。ただし、この停滞期は本気でダイエットをしている人にとっては、ごく自然な現象です。ダイエットが順調に進んでいる証拠とも言えるのです。

なぜかというとダイエットをしている多くの人が、体重や体脂肪が減っている期間の順調期と体重や体型が全く動かない停滞期を繰り返します。

短期間のダイエットにおいては、いかに停滞期の期間を短くし、順調期を長くするかが大切になります。

停滞期に入るタイミングは？

一般的に停滞期に入るタイミングは体重の５％を減らしたぐらいで起こりやすいと言われています。しかし私の経験上、体重の５％前後で停滞期に入る人たちは全体の50％ぐらいだと思います。その他には全く停滞期がなくダイエットが順調に進む人が20％、比較的早い段階（体重の２％ぐらい）ですぐに停滞期が来る人が30％ぐらいいます。

また男性と女性の場合だと男性は停滞期がなくダイエットが進む人も多く、女性の場合はホルモンの関係で停滞期が起こりやすい傾向にあります。

停滞期はどれぐらい続くのか？

停滞期が続く期間に関してもかなり個人差がありますが、平均すると1~2週間ぐらいになります。停滞期は永遠に続くことはありません。ダイエットを続けていれば、また順調期に戻るのですが、この時期に適切な対処をすることで、すぐに打破することができます。

停滞期が起こる原因は？

停滞期が起こる原因は2つあります。1つは性別に関係なく起こる原因で、ホメオスタシスという体の機能から来るものです。もう1つは女性に起こる停滞期で、原因は性周期のホルモンの影響です。ホメオスタシスからくる停滞期のメカニズムですが、体は変化をすることを嫌い、常に一定の状態でいたいという機能が備わっています。

例えば、体温に関して言うと、運動をして上昇した体温は、汗をかくことで体温を下げようとします。これもホメオスタシスの働きによるものです。ダイエットに関して言うと、体重60kgの人がダイエットをして体重を落とした場合、体は60kgの体重を維持したい、落としたくないと体が反応しホメオスタシスのスイッチを入れます。

そのとき体は基礎代謝を下げて、1日の消費カロリーをできるだけ減らそうとします。また体に取り込まれた栄養をできるだけ溜め込もうとします。それが停滞期になってしまうのです。

もう1つのホルモンによる影響に関しては、女性ホルモンであるプロゲステロンとエストロゲンの分泌量の影響で、女性は体重が落ちにくいタイミングと落ちやすいタイミングがあります。

停滞期になったときの対処法

もしあなたが停滞期になってしまったら、どのように対処したらよいか？

それはダイエットを行う期間によって異なります。３か月以上の長期間でダイエットを行っている人の場合、停滞期が来たときの対処法は２つあります。１つは何もせずにダイエットを継続することです。停滞期はダイエットを継続していれば永遠に続くことはなく、最大でも1か月間ぐらいで必ず順調期に戻ります。ですので、期間を決めないダイエットを行っている人であれば、停滞期が終わるまでそのままダイエットを続ける方法で大丈夫です。

もう1つの方法は停滞期にチートデイを設ける方法です。チートデイでは1日だけ好きな物を好きなだけ食べる日をつくり、多くのカロリーを体の中に取り込みます。そうすることで体のホメオスタシス機能のスイッチがオフになり順調期に戻るのです。

チートデイはたしかに有効な方法ですが、チートデイを経験した後に急にダイエットに対するモチベーションが下がり、ダイエットを止めてしまう人も多くいます。メンタル面をクリアできれば、チートデイを設けることはおすすめできる対処法です。

私が行っているメソッドのように2か月以内での短期間で行うダイエットの場合は、停滞期から順調期へ切り替わるまで待っている時間的な余裕はありませんし、チートデイを設けて体重が増えてしまった場合、元の体重に戻すまでの時間的な余裕もありません。ただ停滞期を打破するには体にショックを与えなければなりません。ですので私は次のようなことをおすすめしています。

- 1～2日間の固形物断食
- サウナや半身浴などによる水抜き
- 1～2日間行う長時間の有酸素運動

この中から自分ができると思ったことを行い、体にショックを与えます。すべて短期間だけ行い体内の水分を抜くことを目的とします。短期間で体内の水分を抜くだけでは意味がないと思うかもしれませんが、これらの目的は体にショックを与えてホメオスタシスのスイッチを切ることです。チートデイを設けることで、ホメオスタシスのスイッチをオフにすることもできますが、一気に体内の水分を減らすことでもホメオスタシスをオフにすることも可能です。

この方法でクライアントさんたちは停滞期を打破していますので、無理せずに行ってみてください。

もしこの停滞期を脱するショック法を行うときには、ひとりで行うことも可能ですが、できれば健康や美容などの専門家にアドバイスをもらいながら進めていくと成功しやすいです。一時的にではありますが、体が脱水の状態になってしまうため、夏であれば熱中症、冬であれば免疫力の低下により体調を崩しやすくなってしまいます。まずは無理せずに行ってみてください。

10　あなたはどのタイプ？　体型の種類と特徴

人の体型は３種類

あなたの周りにはたくさん食べても全く体型が変わらない人もいれば、そこまでたくさん食べていないのになかなか痩せなかったり、がっちりした体型の人もいます。よくダイエットに関する悩み相談の中で「そんなに食べているつもりがないのに、ダイエットが進まない」という人が多くいます。なぜ比較的たくさん食べても体型が維持できる人もいれば、それほどたくさん食べてなくても体重が増えてしまう人がいるのでしょうか？

それは人は生まれつき３種類の体型に分けられるからです。あなたはどのタイプか考えながら読み進めてください。なお、この考え方はアメリカの心理学者Ｗ・Ｈ・シェルドンの体型分類に基づいています。

①内胚葉型

内胚葉型の人の特徴は一言で言うと「皮下脂肪が多いポッチャリ型」と表現できます。

性別で言うと女性の方が多く、体型の特徴は次のとおりです。

・全体的に骨格が太く、丸みを帯びた体型

・首が短く手首などの関節が太い
・皮膚の質感が柔らかくプニプニしている
このような体格をしています。また、体質的には内蔵の消化・吸収能力が高く摂取した栄養素を効率よく体内に取り込むことができます。

シェルドンの学説によると、内胚葉型の性格的な特徴は次のとおりです。
・社交的で優しい
・明るく気さくで誰からも好かれる
・物事をテキパキとこなすが、コツコツと努力が苦手
・世話好きで親切
内胚葉型の人はこのような体型と性格です。私の個人的な感想ですが、内胚葉型の人は丸顔の人が多い傾向にあります。

②中胚葉型

中胚葉型の人の特徴を一言で言うと、「筋肉質のがっちり型」と表現できます。性別では男性に多く体型の特徴としては、次のとおりです。
・骨格が大きく筋肉も発達しており、がっちりとしている
・肩幅が広く胸板など体に厚みがある
・手足が大きくて力が強い

・脂肪が少ないために体のラインは角ばっている

このような体型をしています。よく体格に恵まれると言う表現されますが、これは中胚葉型の人を指すことが多いのです。またトップアスリートでは圧倒的に中胚葉型の人が多く運動能力が高い人が多いのが特徴です。

また中胚葉型の性格的な特徴は次のとおりです。

・運動好きで精力的
・体を動かすことが得意で精力的に活動する
・上昇志向が高く攻撃的
・ストレス耐性が高く痛みにも強い

身体的な特徴だけでいうと理想的な体型かもしれませんが、行動を起こすことが先で計画的に物事を進めることが苦手とも言われています。

③外肺葉型

外肺葉型の人の特徴は「スラっとした細身の華奢なタイプ」と言えます。体重や筋肉を増やしたいと思って努力してもなかなか増えないハードゲイナーと呼ばれる人の体質が外肺葉型です。

特徴としては次のとおりです。

・手足が長く細身
・基礎代謝が高く、たくさん食事をしてカロリーを摂っても体重が増えない

・栄養を体の中で効率的に消化吸収する能力が弱く、脂っこい物を食べるとお腹を壊しやすい
・腹筋や姿勢を維持する筋肉が弱いために、下っ腹が出やすかったり猫背気味になりやすい

このような体型をしています。

痩せの大食いと呼ばれている人は外肺葉型の人がほとんどです。

太りにくい体質とはいえ、引き締まった体型というよりは、筋肉が付いていないとガリガリで貧弱な体型に感じるタイプです。

外肺葉型の性格的な特徴の傾向は、次のとおりです。

・温厚で生真面目
・全面的に前に出るタイプではなく、あまり社交的でない
・繊細で心配性
・あまり自分の感情を表に出さず、心の中にしまい込む
・ストレス耐性が低く痛みや苦痛に弱い

あなたはどのタイプはわかりましたか？　体の特徴はともかく性格の特徴はあくまで確率論的な傾向なので、そうでない性格の人もたくさいます。

なぜ人の体型の種類を紹介したのかというと、ダイエットを行う上で体型の種類に合った方法で行うと、より効率よく行うことができたりダイエット中の精神的なストレスを軽減できたりする可能性が高くなるからです。

11　体型の診断法と体型別ダイエット法

自分の体型を把握しダイエットに役立てましょう

これまでの記事を読んで、自分の体型は○○型だとしっかり判別できましたでしょうか？

もちろん、私は子どもの頃からガリガリの体型で、外胚葉型とかずっと丸い体型をしているので、内胚葉型など、明らかに体型がわかる人も多いと思います。

ただし、「何となく内胚葉型だと思うけど中胚葉型かもしれないし」とか「筋肉質だけど体型は細身だから」など確実に判断できない人も多いと思います。そこで、誰でも簡単にできる簡単な体型診断法をお伝えします。

簡易的な体型診断法

やり方はすごく簡単です。「利き手の親指と中指で輪っかを作り反対側の手首を掴む」、ただそれだけです（図表40　体型診断法）。

「たったそれだけ？」と思う人も多いと思いますが、それだけです！

ちなみに結果による判別方法は次のとおりです。

①親指と薬指が重なりなおかつ中指の爪が隠れるぐらい余裕がある↓外胚葉型

②親指と薬指がギリギリくっついたまま数ミリの隙間ができる↓中胚葉型
③親指と薬指が全く付かない↓内胚葉型

「なぜこのような診断で体型の種類がわかるの?」と言われると、具体的で科学的な根拠は見つかっていません。個人的な意見では、手首は周辺に筋肉や脂肪が付きにくく腱だけが通っており骨格の太さを純粋に判断できる部位だからです。ぜひ、皆さんもやってみてください。

この診断法はあくまでも簡易的な診断法になります。もし、もっと詳しく骨格や体型に関して知りたいと思ったら、ぜひ専門家のアドバイスを聞いてみてください。体型を診断する専門家はいませんので、整体師や柔道整復師、カイロプラクターやパーソナルトレーナーなど人の体をたくさん診ている人がよいと思います。

私もクライアントさんの体型を診断するには、簡易的な診断の他に膝の皿(膝蓋骨)や足のくるぶしなどの大きさを見たり、体重の増加遍歴や生活習慣などを聞いたりしながら、総合的に判断します。

体型別ダイエット法

自分の体型は何となくわかったけれど、「それをダイエットに活かすにはどうしたらよいの?」と思う人もいると思います。そこで、それぞれの人におすすめするダイエット法をご紹介します。

前提条件として、どの体型であっても、しっかりとカロリーを制限して筋トレをすることです。そこに体型に合ったやり方を少し工夫することで、ダイエット効果が増すと考えてください。

内胚葉型の人のダイエット法

内胚葉型の人の特徴は、一部の肥満の人を除き体に丸みを帯びており、全体的に皮下脂肪が多い洋ナシ型の体型と言われています。傾向として、太ももや二の腕がふくらはぎや前腕に比べて発達しいるために、体の真ん中に脂肪や筋肉が集中していて余計に丸みを帯びた印象を受けます。

ですので、内胚葉型の人がダイエットを行うときに意識することは、筋肉量の減少をできるだけ抑えて皮下脂肪を減らすことです。

①内胚葉型の人のトレーニング法

内胚葉型の人がダイエットのためにトレーニングを行う場合の注意点としては、とにかく脂肪燃焼に集中したトレーニングを行うことです。

ダイエットには無酸素運動である筋トレが効果的ですが、内胚葉型の人の場合は筋トレも筋肉を刺激することだけを目的とするものではなく、有酸素運動の要素を組み入れた方法を行いましょう。

具体的には次のとおりです。

・軽い負荷で回数をたくさん行いましょう（通常20回前後で行うのであれば50回を目安に）
・インターバルを極力短くしましょう（2〜3種目を連続で行う）
・筋トレのインターバルに軽い有酸素運動（踏み台昇降運動）などを行うサーキットトレーニングを取り入れましょう
・脂肪がたくさん付きやすい腹筋及び下背部（腰の下の部分）のトレーニングを多めに行いましょう

・少しゆっくり過ぎるぐらいのスピードで行い、動きのコントロールを重視してください
・筋トレを行わない日は30分程度のウォーキングやジョギング、自転車などの運動を取り入れましょう
内胚葉型の人の場合は、他の体型の人に比べてダイエットの進み方が遅い傾向にありますので、とにかく運動量を増やし、その中でも筋トレと有酸素運動を両方行うことが効果的です。

②内胚葉型の人の食事法

内胚葉型の人が食事で気を付けることは、カロリーの抑えるスピードを意識してください。内胚葉型の人の場合は、最初から大幅なカロリー制限をしてしまうと停滞期が早く来やすい、体の疲労感が強く出やすいなどの傾向があります。その影響から気持ちが萎えて、早い段階でダイエットを止めてしまうことがあります。

ですので、ダイエット前に食べていた平均摂取カロリーから最初は150カロリーを減らしてください。そして体が慣れてきたと感じたら、段階的に50カロリーずつ減らしていき最大500〜600カロリーまで減らしましょう。おすすめの食材としては、内胚葉型の人の場合は良質の脂質と食物繊維を積極的に摂りましょう。

・良質の脂質を含む食品
アボカド・魚類・ナッツ類・オリーブオイル
・食物繊維を多く含む食品
玄米・いも類・海藻類・きのこ類

これらの食品を意識しながら食べてください。

また、内胚葉型の人には主食を完全に抑える糖質制限はおすすめできません。朝食と昼食に１００g前後の玄米を食べてください。注意点としては内胚葉型の人はむくみに対する反応が強いために、原因となるナトリウムつまり塩分の摂り過ぎには注意が必要です。

・ナトリウムを多く含む食品

ハム・ベーコン・ウインナーなどの加工食品

ちくわ・かまぼこなどの練り物

漬物などの保存食品

これらを日常的に食べることは控えてください。

③生活習慣などの注意点

内胚葉型の人のダイエットは、とにかく続けることができれば、大きな結果につながります。逆に言えば、内胚葉型の人の傾向としては途中で挫折する人が多いと言えます。ですので、毎日ダイエット日記をつけてモチベーションを保つ、辛くなったら誰かに辛い気持ちを聞いてもらうなどとにかく続けるための工夫をしてください。

中胚葉型の人のダイエット法

中胚葉型の人は他の体型の人に比べて、かなり恵まれた体質を持っています。それはつまり筋肉が発達しやすく脂肪が付きにくい体なのです。ですので、内胚葉型や外胚葉型の人に比べて非常にシンプルなやり方が合っています。

①中胚葉型の人のトレーニング

中胚葉型の人は筋トレとの相性がよく回復も早いので、少し頻度や量を増やすことを意識してください。そこまで激しいトレーニングでなければ、毎日行っても大丈夫です。

・10〜15回ぐらいできる重さで行う。
・毎日全身のトレーニングを行うのではなく、上半身の日と下半身の日などに分けて行う
・大きな筋肉（胸・背中・脚）のトレーニングをたくさん行う。
・関節に過度な負担がかからない範囲で、リズムよく繰り返しましょう。

このようなことを意識して行ってください。

②中胚葉の人の食事法

中胚葉型の人の食事で注意することやおすすめの方法は次のとおりです。

・最初からある程度大幅なカロリー制限を行う（目安は1日約３００カロリー）。
・ジャンクフードを食べないようにする。
・カロリーの制限だけ行えば3栄養素（たんぱく質・炭水化物・脂質）の割合に関してはあまりナーバスにならなくてよいです。

これらのことを守ってもらうだけで大丈夫です。中胚葉型の人はダイエットが進みやすいので、

最初からしっかりとカロリー制限を行って短期間で一気に進めましょう。

③生活習慣などの注意点

中胚葉型の人はダイエットに関してはかなり順調にいく可能性が高く、ハイペースで行えます。食事に関しても、体重の落ちるペースを見ながら順調であれば、１食だけ好きな物を食べるチート食を入れても大丈夫です。ただ、１つだけ気を付けなければならないのは、トレーニングをやり過ぎたり雑なフォームで行うことで怪我のリスクが高まることです。

外胚葉の人のダイエット法

外胚葉型の人は肩幅が狭く華奢で、骨は細く突き出ている体型です。見た目では筋線維が表面に現れていて虚弱印象があります。

また、甲状腺の活動が活発で代謝が高いために脂肪が付きにくいのですが、筋肉も付きにくい体質です。いわゆる太りにくい体です。では太りにくい体型の人がダイエットしなければいけない場合とは何か？　それは見た目に比べて、体脂肪が多い「隠れ肥満」を解消するときです。

①外胚葉型の人のトレーニング法

外肺葉型の人は、他の体型の人に比べて筋力のレベルが低い人が多いです。外胚葉型の人が気を付けることは、次のとおりです。

・いきなり負荷を加えず自重のトレーニングをしっかり行い、自分の体をコントロールできる状態になったら徐々に負荷を加える。
・スロートレーニングを中心に行い、ゆっくりとした動きを意識して行う。
・下っ腹が出ている人が多いため、腹直筋の下部や腸腰筋など下っ腹の筋肉を重点的に鍛える。
・猫背や反り腰など姿勢が悪い人が多いので、正しい姿勢を意識する。

②外胚葉型の人の食事法

外胚葉型の食事に関しては次の3つを意識してください。
・消化吸収能力が弱い人が多いため、カロリーは抑えつつ消化のよい食べ物を選ぶ。
バナナ、白身魚、脂の少ない赤身肉、豆腐、ヨーグルトなど。
・1日の摂取カロリーをしっかりと計算しながらできるだけ食事の回数を増やす。
・回復力を高める栄養素を重点的に摂るようにする
緑黄色野菜、鶏の胸肉、オクラ、長いも甘酒など。

外胚葉型の人が食事で気を付けることは、筋肉の発達ではなく、疲労が溜まった筋肉を回復させることを優先する食事を心がけましょう。

③生活習慣などの注意点

外胚葉型の人の場合はいわゆる「隠れ肥満」が多く目立たないため、なかなか気づきにくい状態です。ですので、下っ腹のぽっこりが目立ったり体脂肪が多いと診断された人はぜひ早めにダイエットを開始することをおすすめします。

第4章　ダイエットにおすすめの筋トレメニュー

この章では、私がダイエット指導で行っている筋力トレーニングを各部位ごとに紹介したいと思います。

ダイエットのために筋力トレーニングを行うことは脂肪を燃焼させることはもちろんですが、美しい体のラインを手に入れるために欠かせませんので、あなたがどのような体になりたいかをイメージし、必要だと思うトレーニングを行ってください。

1　鎖骨美人になるトレーニング

どんなネックレスよりも美しい鎖骨になるために

鎖骨がしっかりと浮き出ている女性の首もとは、どんなネックレスで着飾るよりも美しくセクシーに見られます。逆に鎖骨が首に埋もれていると、首が太い印象になってしまいます。

鎖骨美人になるためには、首の筋肉である広頚筋と胸の筋肉である大胸筋の上部（鎖骨部）のトレーニングが大切です。

・胸のアイソメトリックトレーニング

①椅子に座り、足を肩幅に広げます。

②背筋をしっかり伸ばし、胸の前で手のひらを合わせます（図表40　胸トレスタート）。

③両手のひらを思いっきり押し合い、キープしたまま腕を伸ばしていきます（図表41　胸トレ）。

【図表40　胸トレスタート】

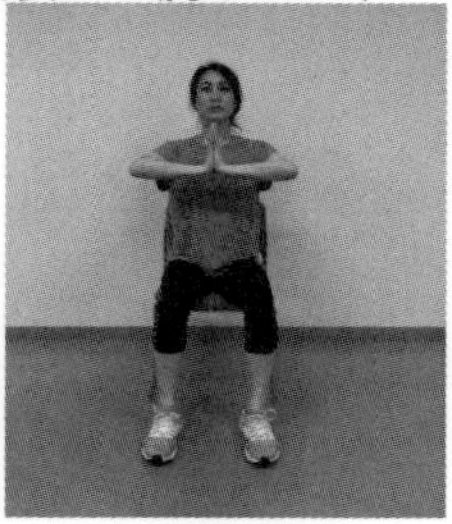

【図表41　胸トレ】

【図表42　首トレスタート】

【図表43　首トレ】

④腕は床と平行になる高さを維持し、肩が上がらないように注意してください。

⑤これをゆっくり10～15回繰り返します。

・広頸筋トレーニング

①椅子に座り両手を鎖骨に添えます（図表42　首トレスタート）。

②少しあごを突き出し、鎖骨の上にある皮膚を引き上げます（図表43　首トレ）。

※イメージとしてはイ～っと言う口の動きをしてください。
１日50回目安で行ってください。

2　肩のラインを美しくするトレーニング

肩のラインがしっかりと整っていると、顔が小さく見えたり、ウエストが細く見えたりと全体的な体のラインに影響を与えます。小顔に見られたい人やウエストを細く見られたい人は、肩のラインをつくるトレーニングをしっかり行いましょう。

・アーノルドプレス

①腰幅に脚を開いてまっすぐ立ち、両手にダンベルを持って手のひらが体のほうを向くように肘を曲げて肩の前で構えます（図表44　アーノルドスタート）。

②手のひらが体の正面を向くように、肘をひねりながらダンベルを上げます（図表45　アーノルドプレス）。

③肘が伸びきったところでいったん止めて、ゆっくりとスタートポジションに戻します。

・リアレイズ

①脚を腰幅に開きダンベルを両手に握り、膝を軽く曲げてお尻を突き出します（図表46　リアレイズスタート）。

②上半身は床に対して45度ぐらいまで倒し、両手のダンベルを合わせます（図表47　リアレイズ横）。

③ゆっくりとダンベルを横へ広げます（図表48　リアレイズ）。

④肩と同じ高さかその直前まで上げたら、ゆっくりとスタートポジションに戻します。

【図表45　アーノルドプレス】

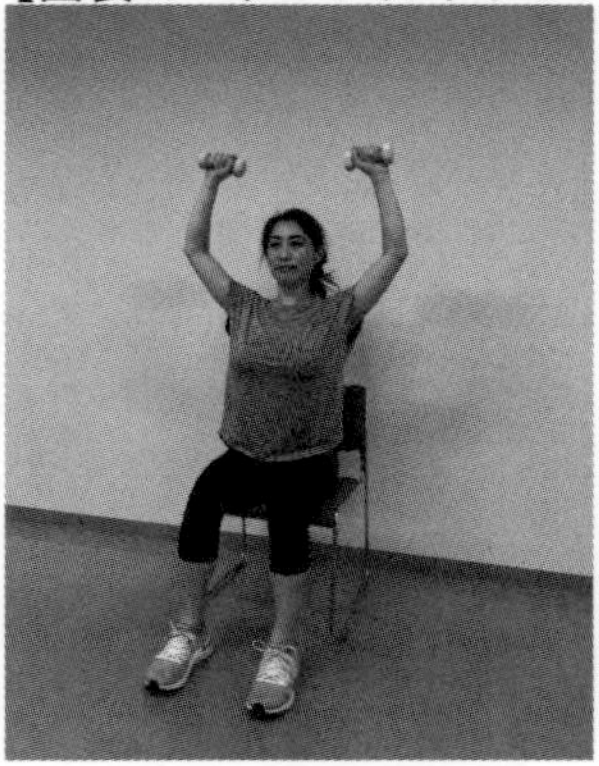

【図表44　アーノルドスタート】

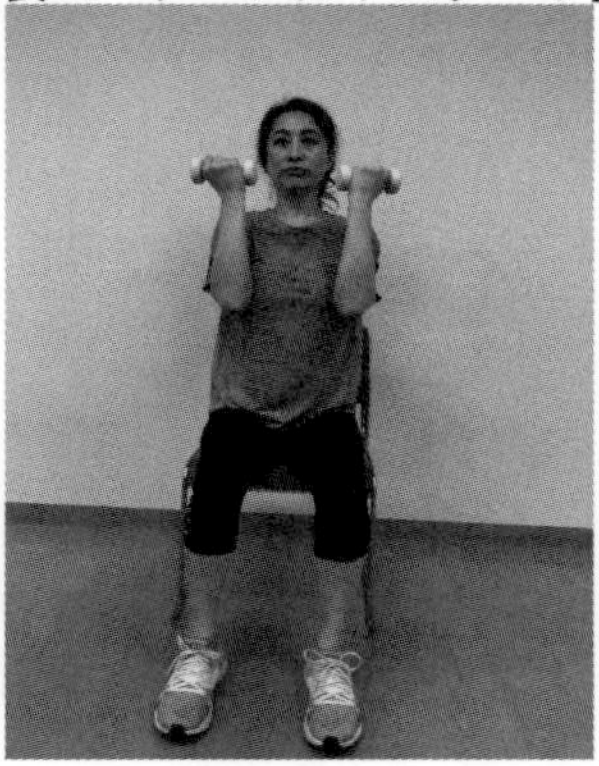

【図表48　リアレイズ】

【図表47　リアレイズ横】

【図表46　リアレイズスタート】

3　腕の振袖を取るトレーニング

二の腕のたるみは振袖と言われていて、多くの女性が気になっている部分だと思います。なぜこのたるみができるのかと言うと、原因は大きく分けて2つです。

1つ目は上腕三頭筋に皮下脂肪が付いている状態です。2つ目は長時間のデスクワークまたはスマホの使い過ぎなどです。前傾姿勢を長時間取っていると、血流が悪くなってむくみが出てしまい、それが原因でたるむことがあります。

この二の腕のたるみを取るには、上腕三頭筋という筋肉をしっかり動かし鍛えることが大切です。

・ダンベルキックバック

①片手でダンベルを持ち前傾姿勢になる。反対の手は前に出した膝の上に置きます(図表49　腕キックバックスタート)。

②肩を動かさないように、肘を固定し肘を伸ばしていきます(図表50　腕キックバック)。

【図表49　腕キックバックスタート】

【図表50　腕キックバック】

③肘を伸ばしたら、最後に手のひらを上に向けるように軽くひねり筋肉を収縮させます。
④肘を動かさないよう注意して、元の位置に戻します。

・フレンチプレス

①脚を腰幅程度に開き、背筋を伸ばし立ちます（図表51　フレンチスタート）。
②ダンベルを両手で持ち、腕をまっすぐ伸ばして、頭の上にダンベルがくるように腕を伸ばします。
※腕が耳の横に来るようにしましょう。
③ゆっくりと肘を曲げていき、ダンベルが頭の後ろに来るように降ろしていきます。
※重力に任せて勢いよく降ろさないように注意しましょう（図表52　フレンチダウン）。
④肘を90度以上曲げ、二の腕の後ろが伸びる感覚がしたら、肘を伸ばし元のポジションに戻します（図表53　フレンチアップ）。

【図表51　フレンチスタート】

【図表52　フレンチダウン】

【図表53　フレンチアップ】

フレンチプレスの注意点は、肘を動かさない、背中を反り過ぎないようにすることです。

・ベンチディップス

①しっかりと固定された椅子または台などを用意し指を台の淵にしっかりと掛けて腕と脚を90度に曲げます（図表54　ベンチディップス前）（図表55　ベンチディップス後）。

②その姿勢を維持したまま肘が90度になるまで曲げていきます。このときにお尻が地面に付かないように注意してください（図表56　ベンチディップス）。

③90度まで肘を曲げたら、肘を伸ばし元の姿勢に戻ります。

【図表54　ベンチディップス前】

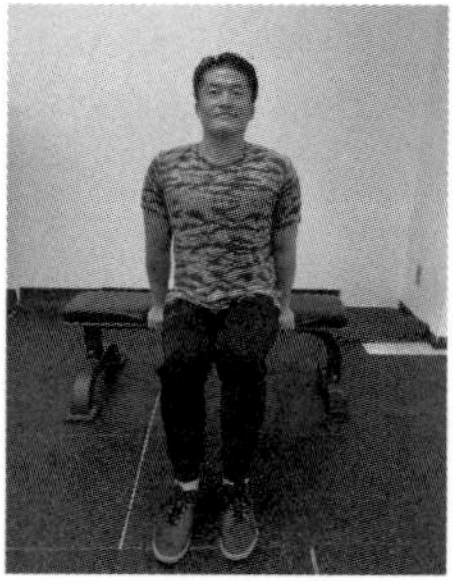

【図表54　ベンチディップス後】

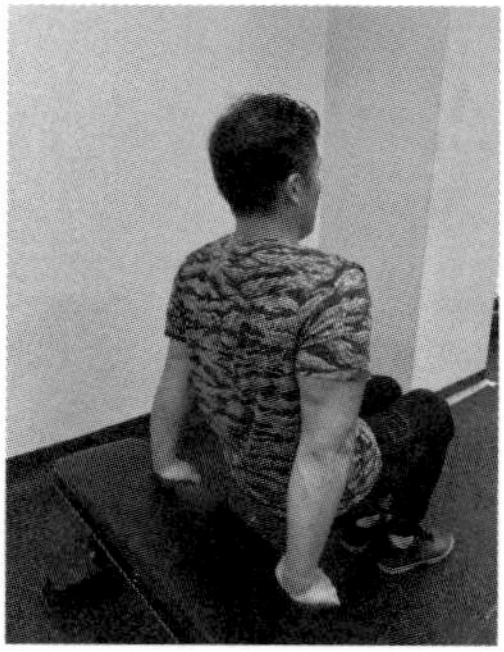

【図表56　ベンチディップス】

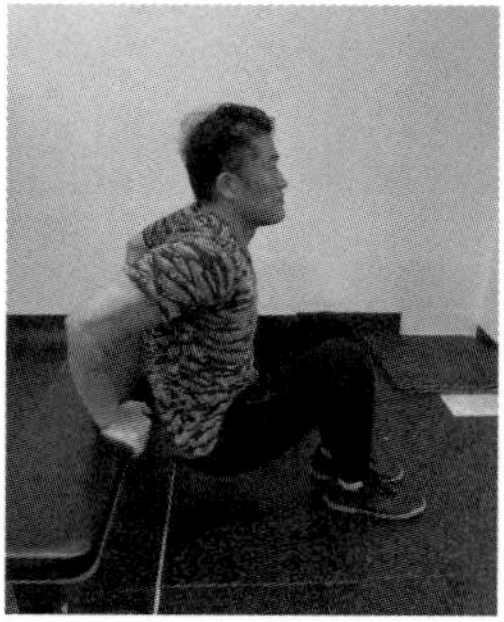

【図表57　ダンベルフライスタート】

【図表58　ダンベルフライ】

4　バストの形を美しくするトレーニング

加齢による体型の変化として、バストの形の崩れがあります。全体的にバストの位置が下がったり左右の形が違ってきたり、女性にとって大きな悩みになります。

なぜ加齢によりバストの形が崩れるのかというと、バストの位置を保つクーパー靭帯が緩んでしまうからです。位置が下がったり、形を維持するための大胸筋や小胸筋などの筋肉が減ってしまったりすることで、形が崩れてしまうのです。

大胸筋や小胸筋のトレーニングによって、美しさを維持できます。

・ダンベルフライ

①平らなベンチまたは床に仰向けに寝ます。

②ダンベルを両手に持ち、手のひらを合わせるようにします（図表57　ダンベルフライスタート）。

③肘を軽く曲げ、胸がストレッチされている感覚を持ちながら、外側にゆっくりと広げていきます（図表58　ダンベルフライ）。

【図表59　ダンベルプルオーバースタート】

【図表60　ダンベルプルオーバー】

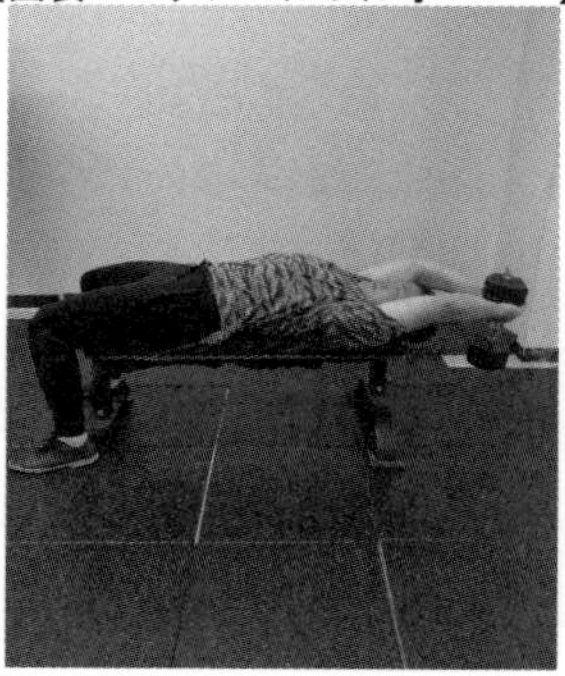

④体と平行ぐらいまでダンベルを降ろしたら、ゆっくりとスタートポジションに戻します。

・ダンベルプルオーバー

①平らな床やベンチなどに仰向けになります。
②両手で1つのダンベルを持ち、胸の前で天井に向かって腕を伸ばします（図表59　ダンベルプルオーバースタート）。
③息を吸いながら胸を張った状態を保ち、ダンベルを頭の上のほうに下ろしていきます（図表60　ダンベルプルオーバー）。
④ダンベルが床に付く寸前でスタートポジションに戻します。

5　背中美人になるためのトレーニング

背中には実年齢が出る

年齢は背中に出る！　そんな話を聞いたことはありませんか？

人は見える場所には気を遣い、美しくなるために努力をします。目立たない場所や見えない場所はあまり気にしない人が多いので、実年齢が出てしまうのです。背中をしっかりと鍛えて、背中美人を目指しましょう。

・サイクルレイズ

①脚を腰幅程度に開き、背筋を伸ばしてまっすぐ立ちます。

②手にダンベルを持ち、体の後ろで手のひらが前に来るように腕を伸ばします（図表61　サイクルレイズスタート）。

③腕を伸ばしたまま円を描くように、ダンベルを頭の上まで持ち上げます（図表62　サイクスレイズ１）（図表63　サイクスレイズ２）。

④頭の上まで来たら、そのままゆっくりスタートポジションに戻します。

【図表61　サイクルレイズスタート】

【図表62　サイクルレイズ１】

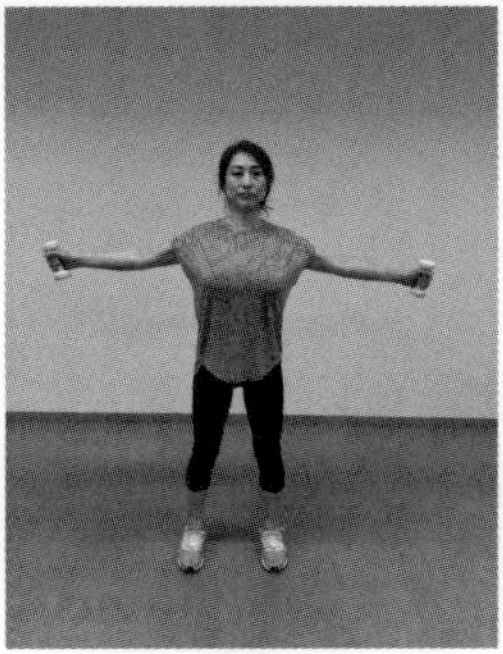

【図表63　サイクルレイズ２】

【図表64　リバースダンベルロースタート】

【図表65　リバースダンベルロー】

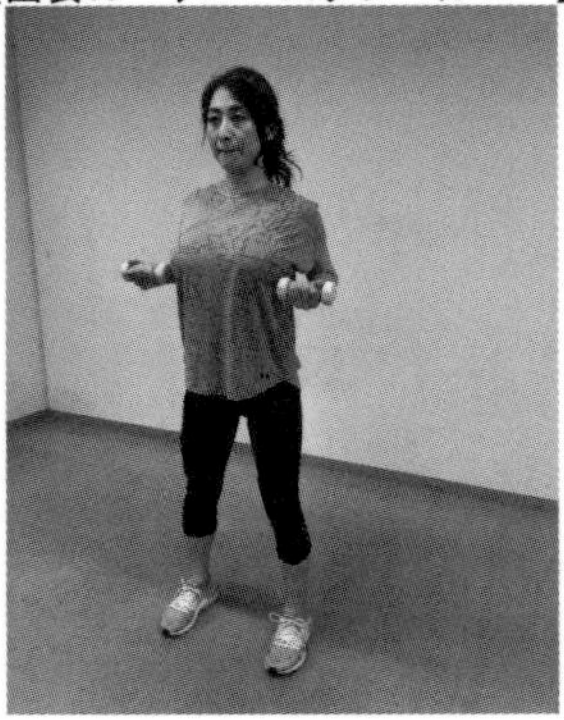

・リバースダンベルロー

①脚を腰幅程度に開いて、背筋を伸ばしてまっすぐ立ちます。

②手にダンベルを持ち、手のひらが上に来るように体の前へ腕を伸ばします（図表64　リバースダンベルロースタート）。

③胸を張った状態で肩甲骨を寄せながら肘を曲げます（図表65　リバースダンベルロー）。

④しっかりと肩甲骨を寄せたら、スタートポジションに戻します。

6　しつこい脇腹の脂肪を取るトレーニング

ダイエットしてお腹の脂肪はだいぶ取れたけど、脇腹の脂肪だけは取れません。こんなお悩みを持っている人も多いと思います。

脇腹の脂肪は骨盤の上に乗っているので、どうしても目立ってしまいます。これをなんとか取りたいと思う人は多いです。

脇腹の脂肪だけを取ることは難しいですが、腹斜筋と呼ばれる脇腹を走る筋肉をたくさん動かすことで、少しでもウエストラインをすっきりさせることができます。

・ツイストクランチ

①仰向けの状態になり膝を90度に曲げて、脚を浮かせた状態にして両手を頭の後ろで組みます（図表66　ツイストクランチスタート）。

②息を吐きながら肩甲骨を床から離しながら、右の肘を左の膝にタッチしましょう（図表67　ツイストクランチ）。

③ゆっくりとスタートポジションに戻ったら、今度は左の肘を右膝にタッチしましょう。

・サイドクランチ

①膝を軽く曲げ横向きになって寝ましょう

②体の上の手を耳に添えて、下の手を脇腹に添えましょう（図表68　サイドクランチスタート）。

③頭と肩を床から離すように、脇腹を縮めながら横向きに起き上がりましょう（図表69　サイドクランチ）。

④しっかりと脇腹を縮めたら、スタートポジションに戻ります。

⑤セット10～15回が終わったら、同様に反対側も行いましょう。

※腹斜筋は筋肉の動きを感じることが難しいために、より正しいフォームを重視して行ってください。

【図表67　ツイストクランチ】

【図表66　ツイストクランチスタート】

【図表69　サイドクランチ】

【図表68　サイドクランチスタート】

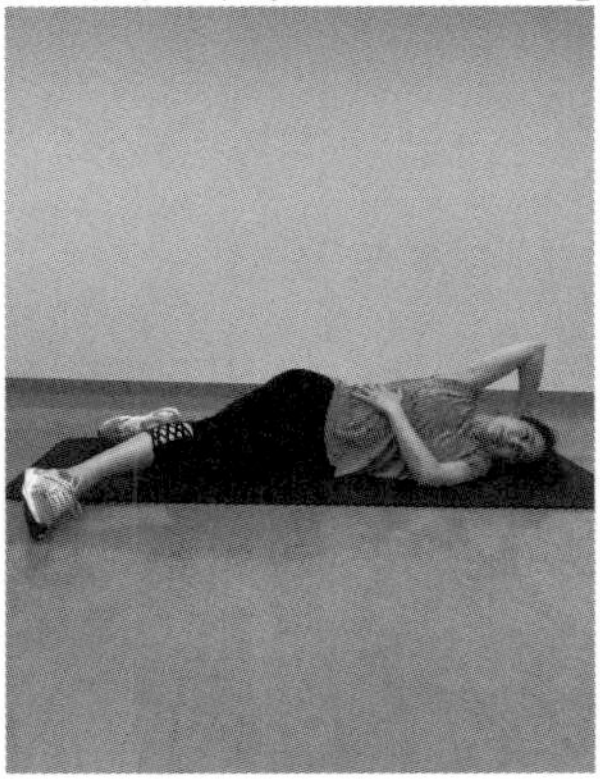

【図表70　リバースハイパースタート】

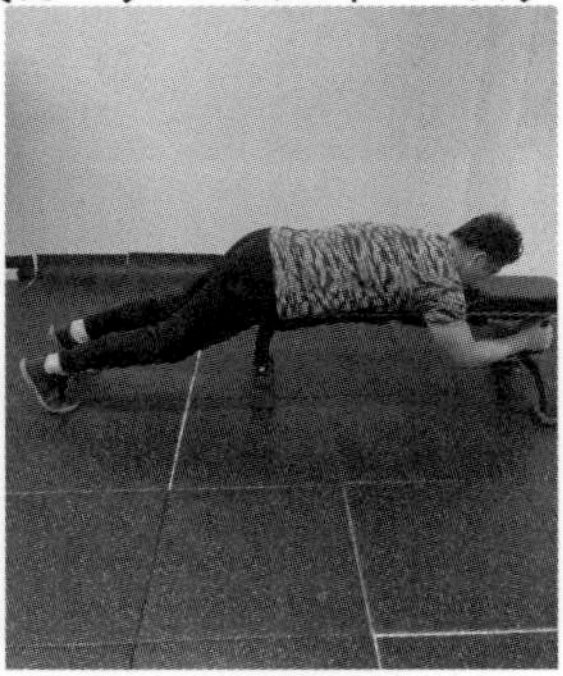

【図表71　リバースハイパー】

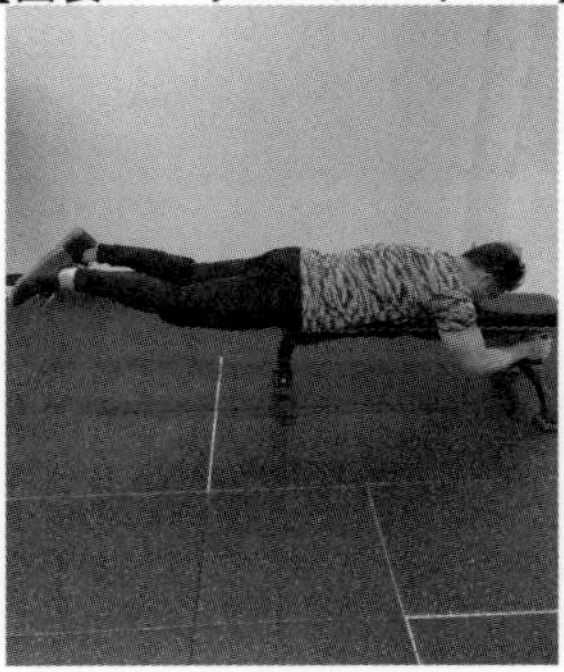

7　引き締まった腰回りをつくるトレーニング

細く引き締まったウエストラインをつくるには、脇腹と腰の脂肪をできるだけ取ることです。

腰の脂肪は他の部位に比べて落ちにくいので、しっかりと正しい動きを覚えて、効率よく美しいウエストラインをつくりましょう。

・リバースハイパーエクステンション

①平らな椅子やベンチなどに対し、上半身だけ乗せ下半身は外に出します（図表70　リバースハイパースタート）。
②上半身をしっかり固定し脚を閉じて脚を上げていきます。
③脚を地面と平行になるぐらいまで上げたら、お尻にしっかり力を入れ、1秒間静止します（図表71　リバースハイパー）。
④力を抜かずコントロールしながら、スタートポジションに戻します。
※反動を付けると腰を痛める危険性があるため、痛みがない範囲でゆっくり行ってください。

8　下がったお尻を引き上げるトレーニング

　お腹の膨らみやたるみなどはすぐに見つかりますが、お尻の位置が下がり、たるんでいることは見逃してしまうものです。実はお腹周りの脂肪がたるんでいるときには、ほぼ同じようにお尻の形が崩れています。お尻は日常生活で使用される頻度が少ないので、しっかりトレーニングしましょう。

・キックバック

①手と膝を床に付いて、四つん這いの姿勢をつくりましょう。このときに背中が丸まらないように背中をまっすぐにすることがポイントです（図表72　脚キックバックスタート）。
②片方の膝を伸ばしたまま、脚を後方斜め上にゆっくりと上げます（図表73　脚キックバック1）。
③膝が床に付くギリギリまで降ろしていきまた脚を上げていきます（図表74　脚キックバック2）。
④勢いよく行うと、腰を痛める可能性があるので、コントロールしながら脚を動かしてください。

・サイドキック

①肩幅よりやや広めの脚幅にして、膝を曲げて中腰の姿勢を取ります（図表75　サイドキックスタート）。
②体を上に伸ばしながら、真横にキックし交互に繰り返します（図表76　サイドキック右）（図表77　サイドキック左）。
※お尻の筋肉を鍛える場合、腰が反り過ぎてしまうと、腰を痛めるので注意してください。

【図表75　サイドキックスタート】

【図表76　サイドキック右】

【図表77　サイドキック左】

【図表72　脚キックバックスタート】

【図表73　脚キックバック１】

【図表74　脚キックバック２】

【図表78　内転筋トレスタート】

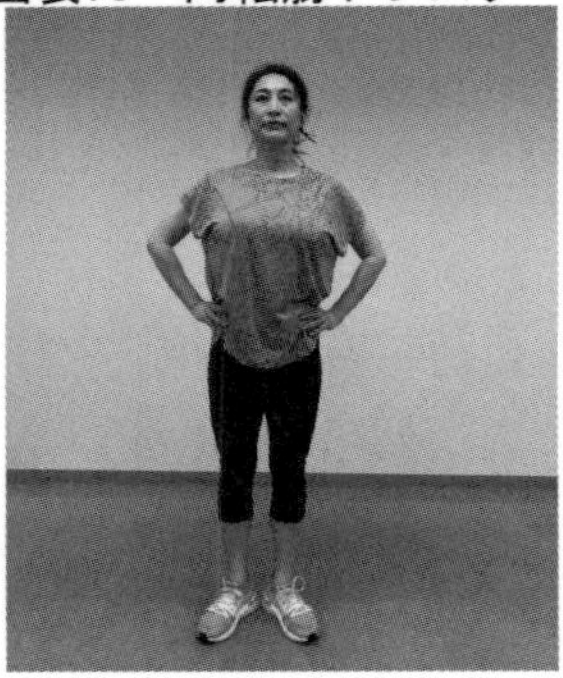

【図表79　内転筋トレ】

9　内もものたるみを取るトレーニング

内ももには内転筋という筋肉があります。内転筋は人の骨格構造上、力を入れにくい筋肉です。なので意識的に動かしたり、力を入れたりしないと、使用される頻度が少なくなります。

そのため、皮下脂肪が付きやすく、皮がたるみやすくなってしまうのです。内転筋をしっかり鍛えて、自分の意思で筋肉をコントロールし、たるみを解消させましょう。

・内転筋アイソメトリックトレーニング

①足をハの字にして、左右の踵をくっつけて背筋を伸ばしまっすぐ立ちます。そのとき両手は腰の後ろに手を添えて安定させます（図表78　内転筋トレスタート）。

②太ももの内側に全力で力を入れ、両脚を1つにするイメージでくっつけましょう（図表79　内転筋トレ）。

※タオルなどを脚の間に挟むと、意識しやすいです。

③1分間力を入れ続け体がブレないようにしましょう。

【図表80　インナーレッグスタート】

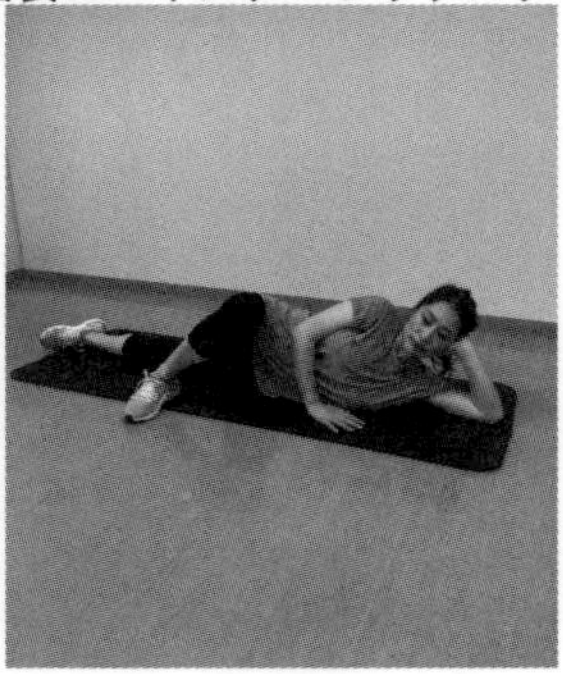

【図表81　インナーレッグ】

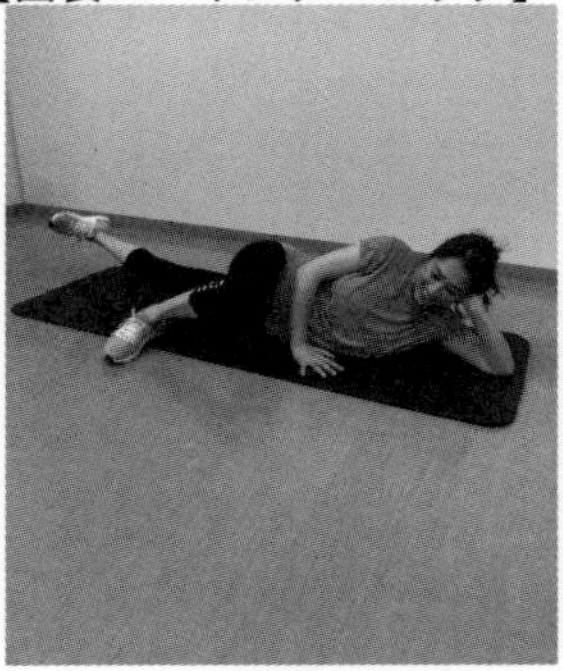

・インナーレッグレイズ

①横向きに寝て、写真のような姿勢になります（図表80　インナーレッグスタート）。

②上半身をしっかり固定し、伸ばしたほうの脚の内腿を天井に向けて上げます。

③脚がこれ以上持ち上げることができないポジションまで来たら、ゆっくり降ろしていきます。ただし完全に床に付けないように注意しましょう（図表81　インナーレッグ）。

④片側が終わったら、反対側も行いましょう。

10　美姿勢になるためのトレーニング

どんなにダイエットを頑張って体型が美しくなったとしても、正しい姿勢や歩き方ができていないと、せっかく美しいスタイルでも太って見えてしまいます。年齢よりも老けて見えてしまうこともあります。

美しい姿勢は、軸をつくるための筋肉を鍛える必要があります。ある程度の時間が必要になりますので、毎日少しずつやってください。

・かかと付けスクワット

①両手を頭の後ろでまっすぐ伸ばし、背筋を伸ばして立ちます。

②足は左右のかかとをくっつけ、ハの字をつくるようにしましょう（図表82　かかとスクワットスタート）。

③背筋が前傾姿勢にならないように、まっすぐ保ちゆっくり膝を曲げていきます。このときに膝を内側に絞らないようにしてください（図表83　かかとスクワット）。

④前傾姿勢が保てなくなる直前まできたら、スタートポジションに戻します。

・フェイスプル

①トレーニング用のチューブなどを柱などに引っかけます。

②腰幅に脚を開き背筋を伸ばして、肩の位置でチューブを持ちます（図表84　フェイスプルスタート）。

③身体を後ろに倒さないように注意して、顔の位置に向かってゆっくりと引きます（図表85　フェイスプル）。

④手が顔の横の位置まで来たら、ゆっくりとスタートポジションに戻します。

※この種目のターゲットとなる筋肉は、肩の後ろの筋肉（三角筋後部）ですが、小さい筋肉で意識ができにくいので、20～30回の高回数で行ってください。

【図表83　かかとスクワット】

【図表82　かかとスクワットスタート】

【図表85　フェイスプル】

【図表84　フェイスプルスタート】

11　全身の脂肪燃焼を促進させるＨＩＩＴトレーニング

私がおすすめする具体的なＨＩＩＴトレーニング

全身の脂肪燃焼をさせようとした場合、私が最もおすすめするのは、このＨＩＩＴトレーニングです。

ＨＩＩＴトレーニングは高強度インターバルトレーニングと呼ばれており、身体に強い負荷がかかるトレーニングと比較的強度が弱いトレーニング、または10秒程度の短い休憩で繰り返す方法です。トレーニングの種目や時間などはＨＩＩＴトレーニングを行う人の体力によって調整しなければなりません。

ただし、基本的に強い負荷を身体に加えることで脂肪燃焼効率を高める方法であるために、あなたの体力の範囲内で限界に近いところまで追い込んでください。

トレーニング種目は４つ

私がダイエットを希望するクライアントさんたちに行う最も基本的なやり方を４つ紹介します。まずこのトレーニングは、高齢者や体力が弱い人また持病を持っている人にはおすすめしません。無理はせずに限界だと思ったら、途中で長い休憩を入れるか中止をしてください。

【図表86　もも上げ⑴】

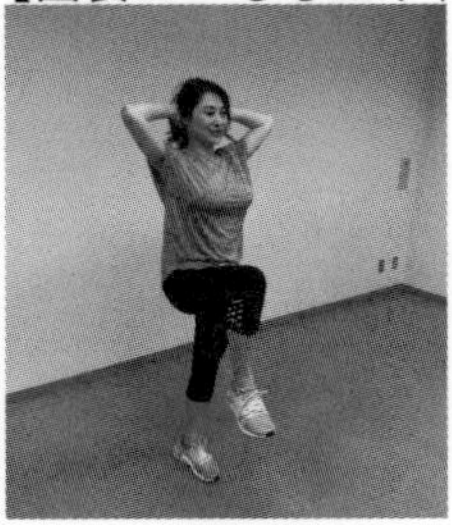

【図表87　もも上げ⑵】

【図表88　膝つき腕立て⑴】

【図表89　膝つき腕立て⑵】

①もも上げ（図表86　もも上げ⑴）（図表87　もも上げ⑵）
②膝つき腕立て伏せ（図表88　膝つき腕立て⑴）（図表89　膝つき腕立て⑵）
③バービージャンプ（後述参照）
④シャドーボクシング（後述参照）

私はこの４種目をおすすめしています。まず最初にもも上げを30秒間全力で行います。

やり方は文字通り左右のももをできるだけ早くそして高く全力で上げます。30秒全力で行ったら、10秒間休憩して、次に膝つきの腕立てを30秒行います。

腕立て伏せの手幅は、肩幅よりも少し広いぐらいで胸を付ける意識で行います。

スピードはそんなに速くせず、コントロールできるスピードで行いましょう。

【図表90　バービー(1)】

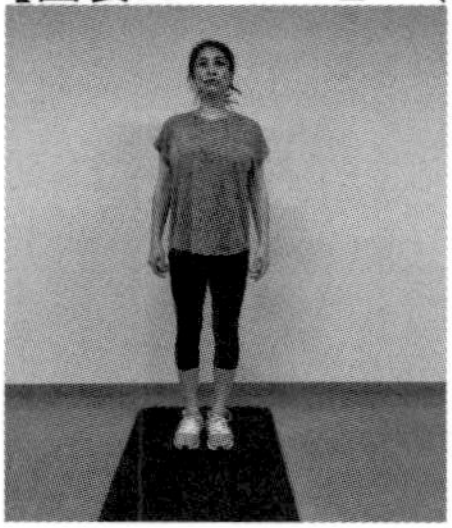

【図表91　バービー(2)】

【図表92　バービー(3)】

【図表93　バービー(4)】

腕立て伏せが終わったら、10秒間休憩して、次にバービージャンプを30秒行います。

・バービージャンプのやり方

①脚幅をこぶし1個分ぐらいにしてまっすぐ立ちます（図表90　バービー(1)）。

②その場にしゃがんで、両手を地面につけ少し飛び跳ねて両足を後ろに伸ばします（図表91　バービー(2)）（図表92　バービー(3)）。

③両足を元の位置に戻し膝を伸ばして高くジャンプします。

④ジャンプのときは手を上にあげ、バンザイの姿勢にします（図表93　バービー(4)）。

⑤着地したら、また同じ動作を繰り返します。

このバービージャンプが終わったら、10秒間休憩をしてすぐにシャドーボクシングを行います。

・シャドーボクシングのやり方

①右足または左足を前後に開きます。脚幅は肩幅程度が目安です。
②腕は脇をしめて拳をつくって、顔の位置で構えます（ファイティングポーズ）（図表94　ボクシング⑴）。
③左右どちらかの腕を思いっきり伸ばしパンチをしてもう一方の腕は顔の位置でガードします（図表95　ボクシング⑵）（図表96　ボクシング⑶）。
④この動き左右交互にリズムよく30秒間パンチを繰り返します。

【図表94　ボクシング⑴】

【図表95　ボクシング⑵】

【図表96　ボクシング⑶】

シャドーボクシングは今までやったことがないために、どのような動きをしたらよいのか？　正しいフォームでできているのか？など色々気になると思います。

もちろん本当のボクサーのようなシャドーボクシングができることが理想ですが、私たちはダイエットのため、体を動かす手段でシャドーボクシングをしているため、あまり細かな動きやテクニックは必要ありません。ひたすらパンチをしてください。

ＨＩＩＴトレーニングは、この4種目を1種類につき、30秒間行った後に10秒間の休憩を入れながら連続で行い1セットになります。ダイエットのために行うのではあれば、最初は1～2セット行い、体力が付いてきたら3～4セット行いましょう。ＨＩＩＴトレーニングの頻度に関しては体への負担を考え、週に1～2回行うことをおすすめします。

ＨＩＩＴトレーニングと同じようなトレーニング法には、ウエイトリフティングの種目やランニング、体全体の力を強くする種目を行うクロスフィット、様々なジャンプ動作を何種類も連続で行うプライオメトリック、通常の筋トレ種目と有酸素運動を交互に行うサーキットトレーニングなどがあります。これらのトレーニング法には類似点も多いのですが、少しずつ違う点もあるため、通常のトレーニングよりも少しレベルを上げたトレーニングを行いたいと思ったら、それぞれのトレーニング法のメリットやデメリットを調べて、現在の体力レベルを考えながら取り入れてください。

高強度のトレーニングは、短期集中ダイエットにおいて劇的な効果を発揮する一方、リスクもありますのでトレーニングを行うときには注意が必要です。

第5章　意外と知らないダイエットQ＆A（運動編）

1　筋トレをすると、筋肉がついてムキムキになりませんか？

結論：ならないので心配いりません。なるぐらい頑張りましょう！

ダイエットのために筋トレをすると、筋肉ムキムキになってしまのではないか？　私は細くて美しい体になりたいので、ムキムキにはなりたくない。そんな心配をしている人（特に女性）は多いと思います。きっと頑張って筋トレをしたら、ボディビルダーのような体になってしまうイメージを持っているのかもしれません。例えば、ダイエットを始める人が、今から5年間、毎日激しい筋トレを行えば、ムキムキの肉体になってしまうかもしれません。

しかし、現実的に考えて、ダイエットを目的とした筋トレでムキムキになる心配はいりません。なぜなら、女性の場合は月経周期で分泌されるエストロゲンというホルモンが、筋肉を付ける妨げになるからです。また、筋肉を付けるというは、一度筋トレによって傷付いた筋肉が、より丈夫になろうと筋肉が太くなる。このメカニズムが筋肉を付ける仕組みです。

ただ、この太くなる速度は、非常にゆっくりで薄皮一枚を張りつけていくようなものなのです。また、筋肉をつけるために必要な条件として、糖質やたんぱく質を代表とする栄養素がたくさん必要になります。

つまり、食事をコントロールしてカロリーを制限している状態では、筋肉が太くなりにくい環境になっています。心配せずにしっかりと筋トレを行うことでダイエット効果を高めます。「逆にムキムキになるぞ！」というぐらいの気持ちで、トレーニングを行ってちょうどいいくらいです。

では、男性はムキムキになってしまう心配はないのでしょうか？　筋肉をつくる観点からすると、女性と比較して男性のほうが筋肉をつくりやすい環境にあります。それは、筋肉をつくる過程で必要になるテストステロンが女性に比べて約10〜15倍分泌されると言われており、女性に比べて筋肉が付きやすい環境にあるからです。

もし男性がダイエットのために筋トレを行ったときに、短期間とはいえ強度が高い筋トレを行う場合は、理想の体よりもムキムキになってしまうかもしれません。もし、ムキムキになることを防ぐなら、筋トレで扱う負荷を20回ぐらい楽に繰り返せる重さにして、20〜25回繰り返すトレーニングを行いましょう。

女性の場合は、ムキムキになる心配はせずに、より高い負荷のトレーニングを行いましょう。

2　ダイエットのために筋トレをしたら、体重が増えたのですが？

結論：はい、それは実際に起こることがあります。

この変化については2つの考え方が存在します。

1つは本当に筋肉や骨密度が増加して、それに伴い体重が増えた。

もう1つは食事のコントロールがうまくいかず、単に太ってしまった。または、体内における水分の排泄能力が低下してむくみが多く出てしまい、水分で体重が増加してしまうことが考えられます。ダイエットをして引き締まった体を手に入れようと筋トレを頑張った結果、体脂肪が減って筋肉量が増加したために、見た目は引き締まったように感じるのだけれど、体重が増えることは理論的には可能です。

なぜなら、同じ体積であれば脂肪よりも筋肉のほうが重いので、引き締まって見えるのに、体重が増えることもあります。また、筋トレをすると骨密度が増加する効果があります。そのために、筋トレを頑張って行った結果として、体重が増加することがあります。

ただし、ダイエットをしている環境下においては、筋肉が増えるまたは骨密度が増加するなどの理由で体重が大幅に増加することは考えにくく、体重が短期間で1～2kg増えてしまったら、筋肉の増加とは考えず、食事の摂り過ぎや体内に溜まった水分の影響だと考えましょう。

筋トレの効果で一時的に体重が増えたとしても、そのままの筋トレを続けて、食生活を変化させなければ、必ず体重が落ちていきます。

なぜなら、筋トレを継続することで、基礎代謝が上がり体重が落ちやすくなります。基礎代謝とは人が生きていく上で最低限必要なエネルギーのことで、例えば1日横になって体を動かさず、何もしなくても呼吸をしたり体温を維持したり、内臓を動かしたりするなどエネルギーは消費されます。

その合計したエネルギーが基礎代謝です。ですので、一時的に筋トレの効果により体重が増加してしまったとしても、そのまま筋トレを止めず続けると、徐々に体重が落ちていきます。もし、素早く筋トレで増えてしまった体重を落とそうとした場合には、筋トレだけではなく、有酸素運動を組み合わせることをおすすめします。

基礎代謝を上げる以外にも筋トレには睡眠の質が向上する、全身の血行がよくなることで肩や腰などのコリを和らげるなどの身体的効果があります。加えて精神的にも「幸せホルモン」と呼ばれるセロトニンが多く分泌されるため、精神的に安定させる効果があります。

少し体重は増えてしまったから、筋トレを止めてしまい、食事制限だけでダイエットしようとする人も多いのですが、それは目先の体重だけを気にして、筋トレの様々な効果を受けることができなくなってしまいます。

目先の満足感に縛られることなく、筋トレを続けてください。今までの経験上、ダイエットのために筋トレをして、体重が目に見えて増えるというケースは稀です。

どうしても気になるときは、まずは食事と生活行動を見直してみましょう。

3　ダイエットに有酸素運動は効果的ですか？

結論：有酸素運動はダイエットに効果がありますが、筋トレの補助として行いましょう。

ダイエットをするなら有酸素運動が効果的と以前は言われていました。有酸素運動とは運動の強さでいうと、軽度および中程度、つまりそんなに激しくない運動のことを指します。特徴として、継続して長時間運動ができます。逆に運動の強さが高く、長時間の運動が不可能な種類の運動を無酸素運動と言います。

有酸素の代表的な運動の種類としては、ウォーキングやランニング、水泳やヨガなどです。

無酸素運動の代表的な種類としては、筋トレや短距離のダッシュなどです。

「有酸素運動とは呼吸をして酸素を体に入れながら行う運動」と思っている人がいますが、運動中に呼吸をしているかどうかは関係ありません。有酸素運動とは酸素を使って運動をするために必要なエネルギーをつくり出す運動であり、酸素を使わない運動を無酸素運動と言います。

以前は、ダイエットと言えば、とにかくウォーキングやジョギングなどを毎日長時間行う人が多かったのです。有酸素運動でも、たしかにダイエットの成果をあげることができます。

私はダイエット指導をする際に、「まずは筋トレなどの無酸素運動を中心に行い、補助として心と体をリラックスさせるために有酸素運動を取り入れてください」とアドバイスしています。

なぜ、ウォーキングやジョギングをおすすめしないのか？

それは①毎日の運動時間が長い、②運動時間のわりにカロリー消費が少ない。

つまり運動に使う時間に比べて効果が低く、有酸素運動はダイエットにはコスパが悪い運動なのです。また、例えば毎日60分以上のランニングやジョギングを行う場合は、体内のグリコーゲンが多く使われるので、筋肉が落ちてしまいダイエットできにくい体質になります。長時間の有酸素運動はストレスホルモンであるコルチゾールが多量に分泌され、いつもより食欲が増してしまい、食事のコントロールが厳しくなる可能性も高いのです。

私の経験上、毎日1時間以上のランニングを行ってダイエットをした人の特徴として、目標体重まで落としたときに体のラインがイメージしていたよりも美しくならなかったとか、肌のコンディションが悪くなったなどと思う人が多いのです。

考えられる原因としては、過度の有酸素運動により筋肉が細くなってしまい、筋肉の張りがなくなって体全体のラインが崩れ、ダイエットを頑張ったのに満足のいく体にならないのです。ただし、まったく有酸素運動をしないほうがよいかというと、そうではありません。筋トレを中心にたまに有酸素運動を入れることで、よりダイエットが順調に進む人が多いです。

私がおすすめする具体的な有酸素運動の方法ですが、運動の種類に関してはウォーキングやランニングや自転車など、どんなものでも構いません。気を付けることは運動の強度です。

おすすめの運動強度は、年齢や身長などにもよりますが、最大心拍数の60％前後で運動を行うとよいです。例えばあなたの年齢が40歳の場合、最大心拍数は２２０マイナス年齢ですので、（２２０－年齢）×０・６＝１０８、つまり心拍数が１１０前後になるぐらいになる運動を15～30分ぐらい続けてください。ただし、ダイエットにおけるトレーニングの中心は筋トレですので、最大でも週に2～3回ぐらいにしてください。

ダイエットのためのトレーニングにおいて、筋トレを中心に行うことをおすすめしますが、定期的に運動形態を変化させたいときや、筋トレをすることがつらくなったときなどに有酸素運動を加えてみてください。

4　筋トレは何種目を何回・何セットやったら、ダイエットに効果的ですか？

結論：ご自分の体力と筋トレの目的や段階に合わせて決定しましょう。

ダイエットのために筋トレをする際、一体どれぐらいの量をやればよいのかと考える人も多いと思います。よく空いた時間にできるトレーニングをしようと考える人が多いのですが、この考え方では、どうしても忘れてしまったり、楽なことばかり行う人が多く効果が出なかったりする可能性が高くなります。

いつどんな種目を何回何セット行うか、計画を立てて行いましょう。

まず、ダイエットをしようと決意し、筋トレをする初期の段階では、体力レベルが低く、筋トレの動きに慣れていないことを考慮して、あまり負荷をかけずに、動きを体に覚えさせるために回数を多く行うようにしましょう。

〈例1〉下半身トレーニングのスクワットの場合

いつやる？――――朝起きてすぐと寝る前の2回。

1セットの回数は？――20〜25回。

何セットやる？――最低2セットで元気があれば3セット。
意識することは？――スクワットの正しい動きを理解できるようにするため、重りを持たず、自重で行う。動作をゆっくり行い、しっかりと膝の曲げ伸ばしを行う。

〈例2〉腹筋トレーニングのクランチの場合

いつやる？――朝起きてすぐと寝る前の2回。
1セットの回数は？――30〜40回。
何セットやる？――最低2セットで元気があれば3セット。
意識することは？――クランチは動きと呼吸が大切なので、体を丸める動作の際に、まっすぐ体を起こしていき捻ったりしない。また、腹筋に力を入れるときにはしっかりと息を吐き切るようにする。

このように筋トレ開始初期にはダンベルやバーベルなどのトレーニング器具を使用せず、自重のみで行い、1セットの回数は20回以上でとにかく動作を確認しながら行い、反動などを使わないように行います。

また、息が上がってしまうと正しい動きができないので、インターバルをしっかり取って、息が整ってから次のセットや種目を行うようにしましょう。

トレーニング初期におすすめの種目としては、スクワットやプッシュアップ（腕立て伏せ）、クランチ、レッグレイズ、プランク（体幹トレーニング）などの比較的単純な動作のものを選択しましょう。

筋トレを開始して、2～3週間ほど経過すると、トレーニングの動きにも慣れますので、次のステップに進みましょう。

筋トレ初期の目的は、フォームを安定させることとトレーニング自体に慣れることでした。次のステップは具体的に筋肉の機能を高めていきましょう。

筋肉の機能には大きく分けて、筋パワー・筋力・筋肥大・筋持久力の4種類があります。トレーニングのやり方によって、鍛えられる筋肉の機能が違います。

簡単に説明すると、筋パワーと筋力は、短時間の間に強い力を発揮する能力であり、筋肥大と筋持久力は筋パワーと筋力に比べて、強い力は発揮できないけれど、長い時間力を継続的に出し続けられる機能になります。

ダイエットにおいては、筋パワーや筋力よりも、筋肥大や筋持久力を高めることのほうが効率よく進みます。

具体的なダイエットのための筋トレ方法です。基本的に自重ではなく、バーベルやダンベル、チューブなど自重以上の負荷を加えるようにします。回数は、筋トレ開始すぐに比べて、すべての種目において10～15回とやや少ない回数に設定します。

セット数1種目あたり2～3セットと変わらず、インターバルは息が整ったら、すぐに次のセットや種目を行いましょう。

注意点や意識することですが、筋トレ開始当初はとにかく、フォームを確認しながらゆっくりしたが、次の段階では、正しいフォームを維持しながらも、スピードを速めて行ってください。目安のスピードとしては最初の頃よりも2倍のスピードで行ってください。

おすすめの種目としては、重りを加えたスクワットやランジ、ダンベルフライ、ダンベルローイング、フレンチプレスなどです。

5　運動は20分以上継続しないと、脂肪が燃えないのですか？

結論：20分以下の運動でも、体の脂肪が燃焼します。

ダイエットのために体を動かすのであれば、20分以上継続してやらないと脂肪が燃えないから意味がない。そんな情報を信じている人が多くいます。ですので、20分以上運動する時間が取れないからどうしようと考える人もいます。

はたして、この情報は正しいのでしょうか？　結論から言うと、この考え方は１００％正しい訳ではなく、運動をしてすぐにでも、筋肉を動かせば、血流が増えエネルギーを消費するために、脂肪は燃焼し始めます。

では、なぜこんな迷信が世の中に広まったかというと、脂肪が燃えるという働きには２つの段階があるからです。

1つ目は体についた体脂肪が燃える状態。2つ目は血液にある遊離脂肪酸がエネルギーとして燃える状態です。

この2つ目の血液中の遊離脂肪酸が、新たに燃焼されるまでに20分程度の時間が必要です。多くの人の場合は血液の脂肪を燃やしたいと思うのではなく、体についてしまった脂肪を燃焼させたいと思うはずです。その場合ですと、20分以上の運動はまったくの根拠のない噂だと言えますし、それを理由に運動をしないというのはよくありません。より脂肪を燃焼させるための運動をする場合20分継続したほうが効果的ではあります。

20分以上の運動を行った場合は、血液中の遊離脂肪酸が多く燃焼されるため運動により使用されるエネルギー源は、脂肪が優先される状態と言えます。そのため、「20分以上の運動を行わないと、脂肪が燃えない」ではなく、「20分以上の運動を行うと、脂肪が優先的に燃えるスイッチが入る状態になる」というのが正解です。

では、連続で20分以上運動できない場合は脂肪の燃焼スイッチをいれることは不可能なのでしょうか？　これにには色々な意見がありますし、私の知るかぎり信憑性のある研究結果や論文などを見つけたことはありません。

これは私の経験によるものなのですが、例えば1日30分の運動を行う場合でも、連続で30分の運動を行う人と、10分の運動を朝・昼・晩の3回に分けて行う人では、脂肪燃焼つまりダイエットの効果に大差がないと考えます。

なぜかというと、あくまで推測になりますが、例えば10分間だけ運動して、次の運動まで一定の時間が過ぎてしまったとしても、前回の行った10分間の運動効果が継続しているために、合計20分以上運動した場合、脂肪が燃焼しやすい状態になっています。

もし、連続で20分以上の時間が確保できないからと運動することを諦めている人がいれば、今すぐ運動を開始してください。すき間の時間であったとしても、運動を継続すれば必ず脂肪が燃焼されやすい状態になります。

6　筋肉痛があったら、運動をしてはいけませんか？

結論：筋肉痛があっても運動を止めるのではなく、運動の種類や強さを調整しましょう。

ダイエットのために運動をする場合、筋トレなどの運動だけではなく、ウォーキングやランニング、自転車などの有酸素運動でも、しっかりと行ったときに起こるのが筋肉痛です。

ダイエットしようと張り切って、筋トレや有酸素運動を行ったら、次の日から筋肉痛が出てしまって、体を動かすことが嫌になってしまったという人も少なくありません。

また、筋肉痛で体が痛いときには「運動しても大丈夫なのか？」と心配になる人もいると思います。筋肉痛を経験したことがある人は多いと思いますが、筋肉痛とはどんなもので、なぜ起こるのでしょうか？　実は筋肉痛がなぜ起こるのかというメカニズムに関しては解明されていません。

ただし、いくつかの可能性が考えられています。まず、急性筋肉痛と呼ばれている、運動直後に起こる筋肉痛の原因は、筋肉を動かすことで疲労物質である乳酸や水素イオンが溜まり、筋肉の血流が悪くなることで痛みを感じます。運動直後ではなく、1～2日後に痛みを感じる筋肉痛は、遅発性筋肉痛と呼ばれ普段行わない動きや筋肉に強い負荷が加わったときに、細かな傷ができてしまい炎症を起こして痛みを感じます。筋トレや有酸素運動などで筋肉に一定以上の負荷を加えると、筋肉に小さな傷が付きます。

この2つが筋肉痛の原因と言われています。「年齢が高くなり体が老化すると、筋肉痛が遅れて出る」と言われていますが、筋肉痛の発生時間は個人差が大きく、それは噂や迷信の一種にすぎません。

「筋肉痛が起きないと効果がないのですか？」とか「毎回の運動で筋肉痛が起きないと不安ですが大丈夫でしょうか？」などの質問をいただくことがあります。しっかりと運動をして筋肉痛になったのであれば、頑張って運動した証ですし間違いなく効果が出ています。

ただし、筋肉痛が出なかったからといって、運動の効果がなかったとか、しっかり頑張れなかったと思う必要はありません。

しっかりと体に負荷がかかる運動を行ったとしても、風邪や睡眠不足などで体調が悪いとき、正しいフォームで運動ができて効率良く体を使った場合には、筋肉痛が起きないことがあります。「筋肉痛がない＝効果がない」ではありません。

筋肉痛が起こっているときにはどうしたらよいのかと言うと、①筋肉痛の出ていない体の部位を動かす、②筋肉痛の状態でもできる範囲でゆっくりとした運動をする、③運動の合間にこまめにストレッチを行うなど、できる範囲で少しでも運動を続けても可能です。

筋肉痛の状態で運動をすると、もっと悪化して肉離れになってしまうのではと思うかもしれませんが、勢いに任せた大きな動きで行わなければ、筋肉痛が悪化したりする可能性は低いのです。もし筋肉痛を少しでも早く回復させたいと思ったら、次の方法を行ってください。

・運動後にたくさん動かした筋肉を氷や保冷材などで10～20分間のアイシングをする。
・疲労が溜まっている筋肉を回復させるために、いつもより1時間多く眠る。
・運動後の食事を筋肉痛の回復を助ける栄養素（たんぱく質やビタミンBなど）を摂る。

筋肉痛のメカニズムや対処法などをしっかり理解し、うまく付き合っていきましょう。

7　腰痛や膝痛などの関節に持病がある人のダイエット法はありますか？

結論：持病があったとしても考えながら行えば、ダイエットを成功させる方法はあります。

椎間板ヘルニア、脊柱管狭窄症、腰椎すべり症、坐骨神経痛、変形性膝関節症、半月板損傷。

これは今まで私がダイエット指導をさせてもらった、持病持ちのクライアントさんたちの症状の一部です。

本書を読んでくださっている方の中にも、ダイエットをしたいけれど、腰や膝などの関節に持病があり、「ダイエットのために筋トレはやっても大丈夫なのかな?」「どんな風にしたらよいのかな?」などの悩みを抱えている人もいらっしゃると思います。

「本気でダイエットをするということは、多少なりとも持病が悪化したり、体調を崩したりするリスクがあります。ただし腰や膝などの関節の痛みは体重を減らすことで、関節の痛みを少なくしたり悪化を防ぐことができます。ダイエットを行うことで考えられるリスクと体重や体脂肪を減らすことで得られる効果を比較し、ダイエットをするか考えてください」

様々な持病を持っている人がダイエットのご相談に来ていただいたときに、いつもこのように話をしています。

腰や膝の痛みを抱えている人がダイエットをして、症状が軽くなった人を何人も見てきました。体重が関節の負担になっているかもと、少しでも思ったら、ぜひダイエットをスタートしましょう。腰や膝など関節に持病がある人のダイエット法ですが、基本的に持病がない人のダイエットと変わりません。

もっとも、食事に関しては全く変わりませんが、筋トレや有酸素運動を行うときに少し工夫が必要です。

まず、筋トレで工夫しなければならないことは種目の選択です。通常、腰や膝に負担がかかってしまう種目を変えて行いましょう。

代表的な変更させるべき種目

・スクワット↓ベンチスクワット
・四つん這いでのヒップエクステンション↓うつ伏せのヒップエクステンション
・プッシュアップ（腕立て伏せ）↓ダンベルベンチプレス
・ダンベルローイング↓エクササイズチューブを使用したローイング

このように膝の負担を減らすために曲げ伸ばしの角度を限定する、腰の負担を減らすため、前傾姿勢にならないなどを考慮してトレーニングを行いましょう。

腹筋を優先的に鍛えることも大切です。ダイエットにおいて、お腹をへこますために腹筋をやることは多いのですが、腰や膝などの関節のためにも効果的なのです。

腰痛の主な原因の1つとして、腹腔内圧の低下があります。腹腔内圧とは、簡単に説明すると、お腹の中の内蔵が集まっている場所の空間で、その内側にかかる圧力のことです。

腰に痛みを抱えている人の多くが、この腹腔内圧が弱い傾向にあり、しっかりと腹筋を鍛えて圧力を高めてあげると、背骨が安定して腰の痛みが少なくなります。

また、この腹腔内圧を高めることで、姿勢が安定して膝や股関節にかかる負担が減りますので、膝や股関節の痛みを減らすことにも繋がります。関節に持病を持っている人におすすめの腹筋はこの２つです。

・スタンディングクランチ

①脚を肩幅に開き、手を頭の後ろで組んでまっすぐ立ちます。

②息を吐きながらお腹に力を入れて体を丸めていきます。

③このときに腰を丸めるのではなく、みぞおちを中心にお腹が硬くなる意識をしながら、息を吐ききるまでゆっくり丸めてください（図表97　クランチ前(1)）（図表98　クランチ前(2)）（図表99　クランチ横(3)）。

※この種目はお腹を硬くして力が入っていないと、腰に力が逃げてしまいます。動作すべてにおいて、お腹に力が入っている感覚を覚えながら行ってください。

【図表97　クランチ前(1)】

【図表98　クランチ前(2)】

【図表99　クランチ横(3)】

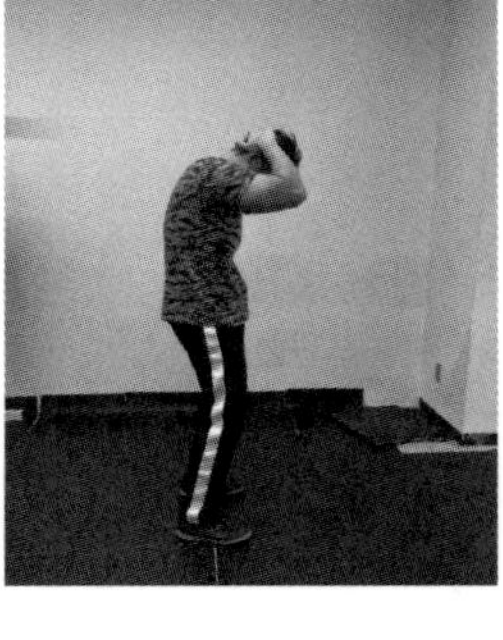

・サイドベント

①脚を肩幅に開き手を頭の後ろで組んでまっすぐ立ちます（図表１００　サイドベント前）。

②息を吐きながら体の横（体側）に倒していき、お腹の横が硬くなるように左右交互に行います（図表１０１　サイドベント右）。

③息を吐ききったら戻します。

この２つの種目は腰や膝を痛めることなく、安全に腹筋を鍛えることができますので、１セット20～30回を目標に行ってください（図表１０２　サイドベント左）。

腰や膝などの関節に痛みを抱えた人がダイエットをすると、美容と健康両方の効果を実感できやすいのです。

【図表100　サイドベント前】

【図表101　サイドベント右】

【図表102　サイドベント左】

8　女性は月経周期を意識してダイエットしたほうがよいですか？

結論：女性は月経周期を意識してダイエットを行うと効果的です。

ダイエットをするとき、男性と女性を比較すると、圧倒的に男性のほうは効果が出やすく、女性のほうが出にくいことが多いです。

夫婦やパートナーと一緒にダイエットを始めたとしても、男性がどんどん効果が出ているにも関わらず、女性はなかなか効果が出ないこともあります。

この主な原因の1つに、28日前後で女性ホルモンが変化する月経周期があります。女性ホルモンとは100種類以上体内でつくられるホルモンの中でエストロゲンとプロゲステロンの2種類でその増減により、肉体的にも精神的にも様々な変化が起きます。

この月経周期の影響を受けやすい人と受けにくい人がいますが、この月経周期を意識しながらダイエットを行うことで効率よくダイエットが進みます。女性がダイエットを行うときに、まず①生理後～排卵日まで、②排卵後～生理まで、③生理中の3つの期間があると考えてください。それぞれ期間に合わせたダイエットをする必要があります。

①生理後～排卵日まで

生理が終わってから排卵日までの期間（約1週間）はダイエッターにとって、一番結果が出やすく頑張る期間です。なぜかというと、エストロゲンの分泌量が増加するために代謝が高まり精神的にも肉体的にも安定している期間です。

筋トレなどでは普段行っていない回数にチャレンジしたり、重い物を持ってみたり、いつもより強い負荷を体に加えましょう。食事に関しては、代謝が高い状態ですので、他の期間よりも少しだけカロリーを多く摂っても大丈夫です。

筋トレや有酸素運動などいつもより頑張った後は、和菓子などを1つ食べる、食事に焼き魚や煮物などの和食のメニューを1品追加してみてください。

②排卵後～生理まで

排卵が終わると、女性の場合は徐々にダイエット効果が排卵前に比べて、効果が出なくなってきます。排卵が終わった直後は、今まで順調に体重が落ち、体型も変化してきたのに、急に体重が減らなくなってしまい、やる気がなくなってしまいやすいタイミングですので、排卵が終わったら体重が落ちにくくなるのだと理解しておきましょう。

生理前になると、体が水分を溜め込もうとするモードに入りますので、その対策をしながらダイエットを進めていきましょう。具体的な運動として筋トレを行う場合は、インターバルを短くしたトレーニングがおすすめです。

5～6種目を休みなく行うサーキットトレーニングがおすすめです。その際は、全身（胸・背中・肩・腕・脚）の筋肉を刺激させるようにしましょう。また、生理前はむくみが強く出やすい時期でもあるので、つま先立ちを繰り返すカーフレイズを取り入れてください。

食事については体内の排泄機能を活性化させる食物繊維（豆類・キノコ類・芋類など）を多く含む食品を摂りましょう。

③生理中

生理中は一言で言うと、「ダイエット小休止」のタイミングと言えると思います。生理痛で腰やお腹が痛くなる人や精神的に不安定になる人も多いのです。生理中は体重を落とすことを目的とせずに、体重をキープして増やさないことに全力を出してください。筋トレなどの運動は生理痛があれば、休みか極端に強度を落として行いましょう。

生理痛のある人は、トレーニングをする際には、すべて自重で行いましょう。ラジオ体操などの動的（ダイナミック）ストレッチなどを取り入れ、鍛えるというよりも、適度に体を動かすことで、体温を上げてリラックスできる環境をつくります。

食事で気を付けることですが、この時期は基礎体温が下がり体の冷えを感じやすくなります。みそ汁や野菜スープなどの体を温める汁物を積極的に摂りましょう。また、生理中の経血により鉄分やミネラルが不足し貧血気味になる人が多いため、鉄分を多く含む食材（牛肉・小松菜・レバー・ほうれん草・ひじき・海苔）を毎回の食事で少量ずつ摂取することを心がけてください。

女性は男性に比べて、ダイエットが進む時期と進まない時期がはっきり分かれているため、体が今どの時期なのかをしっかりと把握し、メリハリを付けたダイエットをしてください。

よくダイエットの失敗で、最初はすごく頑張って効果も出ていたけれど、急に体重が落ちなくなり気分が滅入ってしまい、イライラして止めてしまう人がいます。そんなときは月経周期はどのタイミングで、何をすべきか考えてみてください。

9　産後のダイエットはどのようにしたらよいですか？

結論：妊娠→出産で起こる体の変化を知り効果的にダイエットを行うことが大切です。

女性が妊娠して出産を経験すると、骨盤の形が変わったり、特殊なホルモンが分泌されたり関節や筋肉なども通常とは違った変化が現れます。体重が増え体型が大きく崩れてしまう人も多いため産後に体型を戻したいと思う女性にとっては深刻な問題です。

ただし、産後のダイエットや体型を戻すときには、「いつから始めたらよいの？」「何から始めたらよいの？」という疑問が出ます。

産後のダイエットや体型を戻すためには、産後の体の状態を理解して行う必要があります。

まず、産後ダイエットには出産直後と産後期間の２つの段階に分けましょう。

産後直後ダイエット（第一段階）

産後直後（産後1～2か月まで）はダイエットというよりも、産後の肥立ちを進めて体型を元に戻すことを優先しましょう（第一段階）。

体型を元に戻す方法として、骨盤を締め付けるベルトや自分で行うストレッチや整体などがありますが、最も効果があるのは整体院やカイロプラクティックなどで骨盤矯正を受けることです。

今まで産後の体型に悩む女性を多く見てきましたが、出産後すぐに専門の先生がいる場所で骨盤矯正をする人としない人ではだいぶ体型に差が出ています。

もし産後の骨盤矯正をする場合は、どこでもよいと言うものではありません。施術をする先生が産後の骨盤矯正や体のケアの経験や知識が豊富で、なおかつ簡単に予約を取ることができないぐらい人気がある整体院やカイロプラクティック院に行きましょう。

産後ダイエット（第二段階）

産後の肥立ちが進み骨盤矯正の効果が出始めたら、次は産後ダイエットを開始しましょう（第二段階）。多くの人が妊娠中に増えてしまった体重が妊娠前に戻らず、それがきっかけになり肥満になってしまう人も多いため、まずは妊娠前の体重に戻ることを目標とし、できれば妊娠前より少し体重を落とすことを目標にしましょう。

よく産後ダイエットは「体に負担をかけないために、運動は簡単なストレッチやヨガで十分とか、筋トレは安全ではないので止めましょう」と言う人も多いのですが、他の人と同様に産後であっても、しっかりと筋肉に負荷を加える筋トレを行いましょう。

【図表103　ヒップリフトスタート】

【図表104　ヒップリフト】

特に産後ダイエットにおすすめの筋トレ種目は３つです。

１つ目はヒップリフトです。妊娠中に起こる変化の１つに体重増加により、姿勢の崩れはあります。どのようになるのかと言うと、骨盤が前に倒れて背骨の反り方が大きくなります。

つまり、反り腰の状態になってしまいます。ですので、姿勢を正しくするためにも、お尻の筋肉を鍛えるヒップリフトを行いましょう。

・ヒップリフト

①仰向けに寝て、膝を90度に曲げます（図表１０３　ヒップリフトスタート）。

②肩・腰・膝がまっすぐになるように、ゆっくり床から腰を持ち上げます。

③持ち上げた場所でお尻を締めるように意識し、２秒間姿勢をキープします（図表１０４　ヒップリフト）。

このトレーニングは妊娠中に崩れてしまった姿勢を矯正することに適したものですので、ぜひ取り入れてみてください。回数は１セットあたり20回ぐらいを目安に行ってください。

2つ目は、バランスボールを使用した骨盤底筋トレーニングです。特に出産時に骨盤底筋が緩んでしまう可能性があり、ひどい状態になると尿漏れなどの症状が出てしまうことがあり、予防や改善のためにも積極的に取り入れていただきたいトレーニングです。

・骨盤底筋トレーニング

①脚をしっかり開いた状態で、バランスボールの上に座ります（図表105　骨盤(1)）。このとき背中をまっすぐにして、お尻の骨（尾骨）をバランスボールに突き刺すイメージで座りましょう。

②その姿勢を維持したまま、前後に動かします。この動きが簡単にできるようになったら、八の字を書いてみましょう（図表106　骨盤(2)）（図表107　骨盤(3)）。

【図表105　骨盤(1)】

【図表106　骨盤(2)】

【図表107　骨盤(3)】

【図表108　ワイドスクワットスタート】

【図表109　ワイドスクワット】

骨盤底筋は体の中にあるインナーマッスルなので、運動によって筋肉が正しく使われているかなどの意識ができません。ですので、動作をより丁寧に行う必要があります。前後の動きを30～40回を目安に行いましょう。正しいフォームが正しく行えなくなったら、すぐに中止してください。

最後３つ目は股関節周辺の筋肉と可動域を高めるワイドスクワットです。妊娠中にリラキシンというホルモンが分泌され、それに伴い骨盤や股関節などを中心とした各関節が軟らかくなってしまいます。その状態を改善し体の安定性を高めるためにも、ワイドスクワットを取り入れましょう。

・ワイドスクワット

①肩幅よりもかなり広い脚幅にして立つ。
②背筋を伸ばした姿勢で胸の前で手は合掌する（図表１０８　ワイドスクワットスタート）。
③そのままの姿勢を維持したまま腰はゆっくりと下げていく。
④太ももが膝と平行となるぐらいまで落としたら、スタートポジションに戻る（図表１０９　ワイドスクワット）。

このエクササイズで一番大切なのは、股関節をしっかりと動かすこと。そして常にお尻に力を入れ続けることです。ゆっくりと動作を行うと、かなり負荷が強くなるので、15回前後を目安に行ってください。

産後ダイエットの食事に関して、母乳をあげている人とあげていない人により異なります。母乳をあげている人の場合、1日平均500キロカロリー消費します。ですので、食事から摂取するカロリーを大幅に減らす必要はありません。むしろカロリーの変動を少なくして、3大栄養素のバランスを崩さないようにしましょう。

母乳をあげない産後ダイエットはしっかりとカロリーを抑える必要があります。ただし、糖質を抑えすぎると、イライラしてしまい育児に影響が出るので、極端な糖質制限は行ってはいけません。

10　65歳以上の高齢者でもダイエットできますか？

結論：ダイエットはやる気があれば何歳でも可能です。

ダイエットしたいけれど、もう筋肉が付かないから運動しても意味がない、年齢を重ねると食事を減らしても全然痩せないからダイエットは難しい。私の所にご相談に来る高齢者の方々が口を揃えてお話されることです。

身体機能として筋肉に刺激を与えても機能が向上しない、食事のコントロールをしても体重が落ちないし体型も変わらない。そんな風に信じていて、ダイエットをしたいと思う人も多いのです。

結論から言うと、年齢とともにダイエット効果が出にくいことや効果が出るまでの時間が長くなってしまいます。ただし体のコンディションを理解しダイエットを続けたら、20代や30代の人たちにも負けないぐらいの効果を出すことが可能です。

私のクライアントさんの中にも、「孫の結婚式に綺麗な姿で出席したい」と70代でマイナス16kgを実現し、美しい体型になった女性もいます。また、60代後半でメタボからの高血圧を改善しようとダイエットを行い、激しい筋トレを行いマイナス25kgでムキムキの肉体になった男性もいます。

では、一般的に年齢が若い人と高齢者では身体の機能として何が違うのでしょうか？

ダイエットに関わるものとしては、たとえば次のものなどです。

・筋量及び筋力の低下
・円背など姿勢の変化
・最大心拍数など心肺機能の低下

加齢による筋量および筋力の低下はサルコペニアと呼ばれ、筋肉量は10年間で約６％ずつ低下します。

このサルコペニアの進行度合いは個人差が大きく、筋トレなどを行うと予防や改善も可能です。「高齢になると筋肉が付かない」というのは、サルコペニアのことを言っていると思うのですが、年齢に関係なく筋量および筋力が向上します。

次に円背などの姿勢変化ですが、円背とは高齢になり、背中が丸くなってしまうことです。この円背は地球の重力に対して、身体を支えるために働く抗重筋力が低下して起こります。この抗重筋力の低下やそれに伴う円背も適切な運動を行うことで予防ができます。

最後に心肺機能の低下ですが、これは加齢に伴う変化が顕著に現れるもので、高齢になると疲れやすく少し動くと呼吸が乱れ回復するまでの時間が長くかかるなどを感じる人が多いようです。

これらの変化を理解して、年齢に合ったダイエット法を実践していただきたいと思います。食事に関しては、20代でも70代でもあまり変わりません。ただし基礎代謝が低下しているために、20代や30代の人に比べてカロリーの摂取量は抑える必要があります。

一方、工夫が必要になるのがトレーニングです。高齢者以外の人たちは筋トレなどを中心に行いますが、高齢者の方はウォーキングや軽いジョギングなどの有酸素運動の割合を増やしましょう。目安としては筋トレと有酸素運動を同じぐらいの割合で行ってください。例えばウォーキングの場合、心肺機能が低下していることを考え、最初は散歩程度で行い徐々にスピードを上げましょう。ウォーキングの時間に関しては1回30〜60分ぐらいがおすすめです。運動強度の目安としては心拍数がいくつなどは考えず、自覚的運動強度（RPE）と呼ばれる自らの感覚を優先し、「ややきつい」と感じるぐらいを継続して歩いてください。

次に筋トレですが、ダイエットのためであっても、歩行と姿勢を意識したトレーニングをダンベルやバーベルなどの器具よりも、まずは自重のトレーニングを行いましょう。おすすめのトレーニング種目は３つです。

（１）シーテッドカーフレイズ

①足を腰幅に開いて、背筋を伸ばし椅子に座ります（図表１１０　シーテッドカーフスタート）。
②膝を90度に保ったまま、かかと上げます（図表１１１　シーテッドカーフ⑴）。
③トップのポジションで2秒間保持し、ゆっくりとかかとを下ろしていきます。
④負荷が弱い場合には手で膝を押さえる（図表１１２　シーテッドカーフ⑵）。

【図表110　シーテッドカーフスタート】

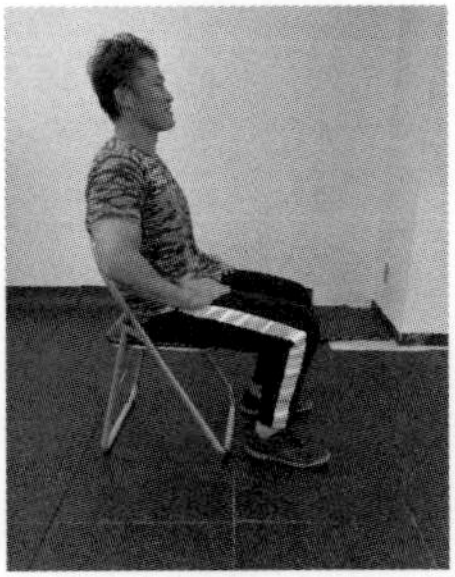

【図表111　シーテッドカーフ(1)】

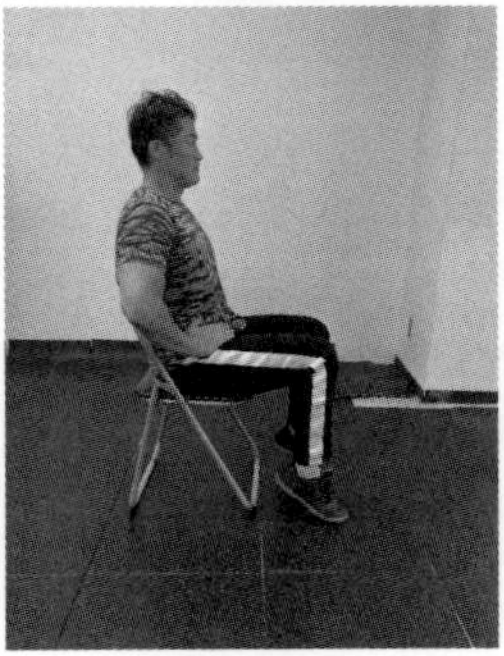

【図表112　シーテッドカーフ(2)】

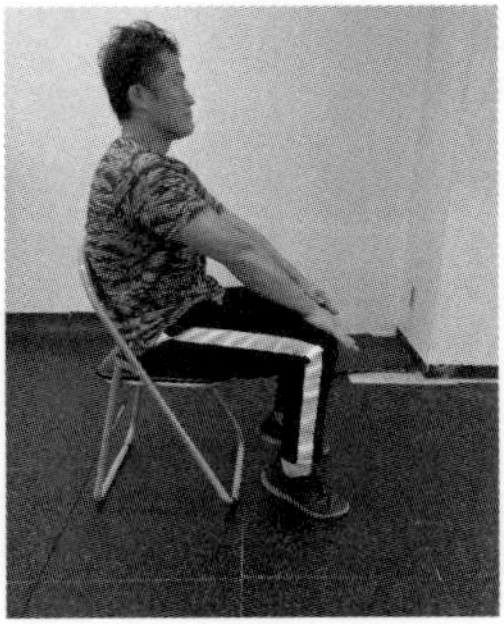

【図表113　壁プッシュスタート】

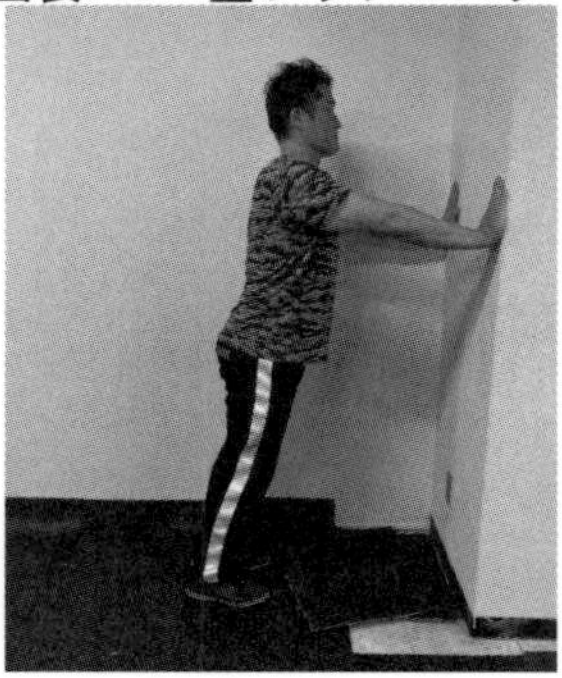

【図表114　壁プッシュ】

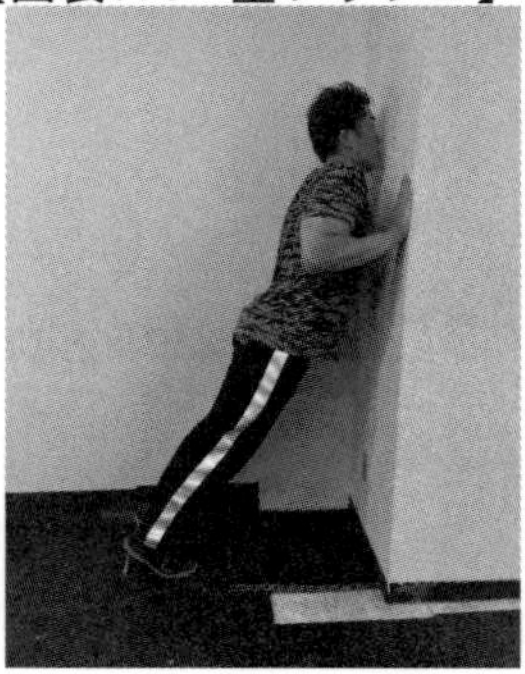

この種目はふくらはぎの筋肉を鍛える種目です。ふくらはぎの筋肉は歩行や姿勢を安定させるために欠かせない筋肉です。ただし、ふくらはぎの筋肉は加齢とともに落ちやすく、歩行の速度や円背などに影響が出てしまうため、しっかりと行うことが大切です。

回数の目安としては、ふくらはぎの筋肉が持久力に優れているので、1セット40~50回ぐらいを行ってください。

（2）壁に向かってのプッシュアップ

①壁に向かって立ち、体をやや斜めに倒し両手を肩幅よりもやや広めにして壁につける(図表113　壁プッシュスタート)。

②肘をゆっくりと曲げて胸を壁に近づけていき、あごが壁に近づいたら肘を伸ばしていく。背中から腰にかけてまっすぐになるまで行う(図表114　壁プッシュ)。

この種目は胸と肩の筋肉を鍛える種目です。手の幅を肩幅よりも広くしたら肩と胸が鍛えられ、肩幅よりも狭くすると腕と胸が鍛えられます。

回数の目安は正しいフォームを維持できる範囲で行い、10~

【図表115　アップライトスタート】

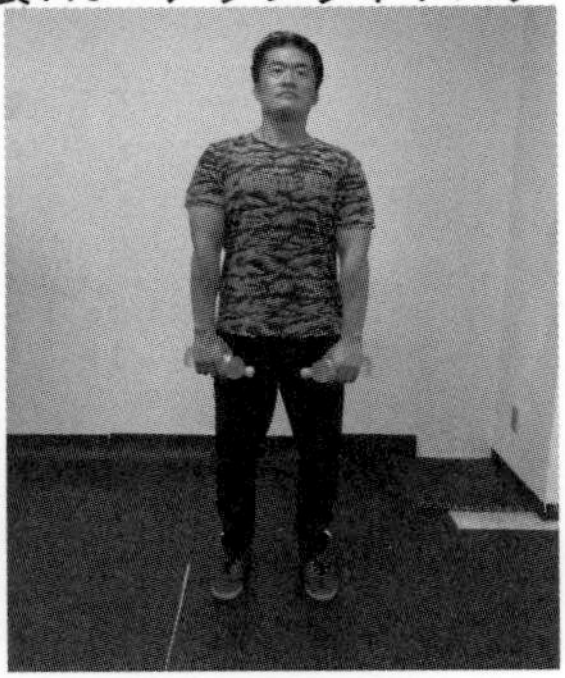

【図表116　アップライト】

15回ぐらい行ってください。

（３）ペットボトルを使ったアップライトローイング

①肩幅に脚を開き背中まっすぐに伸ばしたら、ペットボトルを左右に順手（手の甲を上にして握る）で持ちます（図表１１５　アップライトスタート）。

※両手の感覚はこぶし3個分ぐらいを目安にしてください。

②肩を真横に保ったまま、ペットボトルを引き上げます。

③胸と同じ高さぐらいまで引き上げたら、ゆっくりと下げていきます（図表１１６　アップライト）。

この種目は背中の上部を鍛える種目です。ペットボトルを持つ手幅が広すぎると、肩の関節を痛める可能性があるため、広げ過ぎないようにしてください。

１セット10～15回ぐらいを目安に行いましょう。

今まで多くの高齢者の方々に対してダイエット指導を行ってきましたが、「自分がこれほど体力があるとは思わなかった」とか「トレーニングを頑張ったら、こんなにも体力が上がるとは思わなかった」という感想を言ってくれます。

日本では、高齢者の方々に対して運動指導をする際、「とにかく無理をせずにマイペースで楽しく行いましょう」という考え方の人が多いです。持病があったり、関節痛があったりと若い人に比べてたくさんの弊害があり、悪化してしまう危険性もあるからでしょう。

しかし、高齢者の方は若い人に比べて代謝が落ちていますし、体への反応も悪くなっていますので、若い人と同等またはそれ以上のトレーニングを行わないと同じだけの反応が得られないのです。

ですので、高齢者のトレーニングであっても、楽にできるトレーニングではなく、より重い負荷を加えて（過負荷）少しずつトレーニングの強度を高めて（漸進性）ダイエットに最も効果的なトレーニングを集中して行う（特異性）ことが大切です。

高齢者の方にトレーニングを指導する人も、トレーニングをする高齢者自身も、本気でダイエットをしたいと思う人は、年齢や体力がないことを言い訳にせず、今できることを限界ギリギリまで行うようにしましょう。『今できること』というところがポイントです。

そうすることによって、徐々にではありますが体力も向上していき、よりハードなトレーニングを行うことができ、体が変わっていくのを実感できるようになります。

もちろん、無茶なトレーニングや食事制限などをしてしまうと、体調を崩してしまったり関節を痛めたりすることに繋がってしまいますが、それを恐れてばかりいると理想の体になることはできないと思ってください。

第6章　意外と知らないダイエットQ＆A（食事編）

1　ダイエット中の食事は1日3食食べないといけませんか？

結論：1日3食に限らず自分の食生活や体質などを考慮して決めてください。

ダイエットの効果を高めるための食事法に関しては、専門家の中でも様々な意見があります。基本的によく言われるのは、ダイエットのためには1日3食しっかり食べないとダメという意見です。この3食きっちりと食べるメリットと言えば、1日の活動時間で空腹の状態が長く続かないため、余計な間食などをしてしまう可能性が低くなります。

人はサーカディアンリズム（体内時計）が生まれながらに備わっており、このサーカディアンリズムは体温調整や血圧や血糖値などを調整する機能です。これらの機能は、1日3食の食事をすることで正しく働きやすくなります。

現在の日本人は、1日3食を食べる習慣が子供の頃から根づいている人が多いです。朝食は1日のエネルギーを取り込み、お昼は不足した栄養素の補充、夜は体をつくるための栄養を取るといった目的が明確になるのが3食のメリットです。

中には、3食よりも多い食事の回数のほうがよいと考える人もいます。例えば1日6食にした場合のメリットは、頻繁に食べることができるのでドカ食いを防ぐことができ、血糖値のコントロールがしやすいことです。

このようなメリットをあげると、食事は3食かそれ以上の回数にしたほうがよいと思うかもしれません。しかし、栄養学などの専門家の中には、1日1～2食のほうが健康にもダイエットにもメリットが大きいと主張する人もいます。そのメリットとは、食事をすると消化や吸収に多くのエネルギーを使います。

1日1～2食にすることで、内臓の負担が減り活発に動くようになります。それにより体本来の機能が効率良く働きます。空腹時間が長くなると、口から摂取した栄養素が常時体内にないため、活動するためのエネルギーは効率良く使われるということです。

この両者のメリットを聞いて、あなたはどのように思いましたか？　まずは自分なりにどちらがよさそうか考えてみてください。

次にデメリットについての話をしたいと思います。1日3食以上のデメリットは、回数が多くなるとどうしても食べすぎてカロリーオーバーになり、ダイエットの効果を減らしてしまう可能性があるということです。食事回数が多くなるために、それに費やす時間的・経済的なコストもかかります。

1日1～2食の場合のデメリットは、食事と食事の感覚が長くなってしまうため、血糖値の差が大きくなり頭がボーっとしてしまったり、体が疲れやすく力が入らなくなったりするなどの状態になってしまう人もいるということです。完全な空腹状態で食事をするため、たくさんのカロリーを摂取してしまう可能性が高くなります。

このように、1日何食にしてもメリットとデメリットがあることがわかっていただけたと思います。つまり1日何食がよいかは、「あなたが今まで1日何食で生活をしていたのか?」「少量の食事を何回もしたいのか?」「少ない食事の回数で、ある程度の量を食べたいのか?」「血糖値の上下に対して、どれだけ体への変化があるのか?」など考えて、食事回数を選んでみてください。

1日何食であっても共通して守らなければいけないことは、1日の摂取カロリーをしっかりとコントロールする必要があるということです。

私がおすすめする食事の回数は1日2食で、空腹時に味噌汁やホットミルクなど温かい物を飲む方法がダイエットに効果的だと思います。

2 外食やコンビニ食でダイエットはできませんか?

結論:はい、コンビニ食でもダイエットは可能です。

ダイエットしたいけど、食事のカロリーを抑えるための食事をつくる時間がない。仕事が忙しくて、帰宅してから食事はつくりたくないけどダイエットしたいなどと思う人は多いと思います。

食事をつくらない方法といえば、主にコンビニと外食とテイクアウトの3つがあります。その中でもコンビニは日本中どこにでもありますし、いつでもやっていますが、コンビニ食ではダイエットができないと考える人も多くいます。私のクライアントさんからも、できればコンビニ食でダイエットをしたいというリクエストがたくさんあります。はたして、コンビニ食を利用してダイエットをすることは可能なのでしょうか？

コンビニの食べ物はカロリーが高い物がたくさんあるので、好きな物を選んで食べていたら、ダイエットをすることは難しいと言えます。ただし、コンビニで売っている物の中にもダイエットに適した食べ物はたくさんあり、工夫して選ぶことでダイエットをすることが可能です。

では、コンビニ食を選ぶときに必ず押さえておきたいポイントを３つ紹介したいと思います。

①お弁当などを選ばず、３つ以上の食品を組み合わせましょう

コンビニご飯の代表と言えば、やはりお弁当だと思います。お米も入っていておかずの種類も豊富です。何よりお弁当を１つ買ってしまえば、ボリュームもありお腹が満たせます。

しかし、お弁当を買うことはおすすめしません。どうしても糖質と脂質の摂取量が増えてしまうからです。糖質と脂質の量を調節するためにも、お弁当ではなく単品メニューを３つぐらい組み合わせるようにしましょう。

②高たんぱく低カロリー、低糖質の物を選択しましょう

コンビニ食の欠点は、高カロリー・高脂質・高糖質の食品が多いということです。選ぶ際には、まずは低カロリーを優先し、その次にたんぱく質がどれだけ入っているかを見て、できるだけ低糖質で低脂質の物を選びましょう。

カロリーやたんぱく質、糖質など、しっかりと調べることがダイエットにつながります。

③きのこや海藻類などを必ず入れましょう

コンビニで食品を選ぶときに必ず入れたいのはきのこや海藻類です。コンビニ食で不足しがちな栄養素の中に食物繊維があります。食物繊維が不足すると、腸内環境の悪化が原因で便秘などが起こり、ダイエットにも悪い影響が出てしまいます。

私がおすすめするコンビニ食の組み合わせ

ダイエットに効果的なコンビニ食の組み合わせは次のとおりです。コンビニ各社似たような食品をつくっていますので、基本的なメニュー構成を覚えて選んでみてください。

おすすめ1　発芽玄米又はもち麦のおにぎり・ゆで卵・サラダ
おすすめ2　バナナ・ヨーグルト（無脂肪）・チーズ
おすすめ3　全粒粉のサンドイッチ・野菜ジュース
おすすめ4　春雨スープ・サラダチキン・海藻サラダ
おすすめ5　そうめん・納豆・したらば・かにかまなどの練り物
おすすめ6　おにぎり・さば缶・サラダ

これらのメニューを見て、あなたはどのような感想を持ちましたか。たしかにコンビニ食だけでもダイエットをすることは可能ですが、やはり栄養面や味には限界がありますので、時間があるときには簡単な料理であってもつくることをおすすめします。

3　糖質制限が流行ってますが、ダイエットに効果的ですか？

結論：糖質制限はダイエットに劇的な効果がありますが、リスクも高い方法です。

そもそも糖質制限ダイエットとは、３大栄養素の1つである炭水化物の一部である糖質の摂取量を減らしてダイエットを行う方法です。２０１５年ぐらいから大手のパーソナルトレーニングジムが、この糖質制限ダイエットを大々的に宣伝して、多くの人がこの方法でダイエットを行い、人気になりました。

炭水化物は、「体内で消化吸収できる糖質」と「体内で消化吸収できない食物繊維」の２つに分類されます。糖質は、体を動かすことや脳のエネルギー源として使われます。食物繊維は、体内で消化吸収されませんが、腸内環境を整えるなどの役割があります。

糖質が多く含まれる食べ物と言えば、白米・パン・パスタ・うどんなどの主食、芋類や果物そして砂糖を多く含むスイーツなどがあります。野菜は糖質が少ないというイメージを持っている人も多いと思いますが、実は糖質を多く含む野菜もたくさんあるのです。

糖質制限ダイエットは、食事の中から、これらの糖質の多い食べ物をできるだけカットしていく食事法です。

糖質制限をすると、ダイエットの効果は劇的に現れます。そのメカニズムとは、糖質を摂ったときに上昇する血糖値が緩やかになり、血糖値が急上昇しないことで太りにくい状態になるということです（血糖値が急上昇すると、体脂肪になりやすい状態になります）。

糖質制限をするメリットはいくつかあるのですが、最大のメリットは日々の体重が目に見えて減っていくことに尽きます。なぜなら、糖質を多く含む食べ物をもう一度確認してもらうとわかるように食事の中で中心になる物が多いので、それらを減らすことで自然にカロリーが大幅に制限されます。同時に、糖質を体内に入れると水分を溜め込むという性質があるため、糖質を減らすことで水分も一緒に減少します。つまり糖質制限の本質とは、大幅なカロリー制限と体内水分量の減少と言えます。

しかし、糖質制限ダイエットにはデメリットもあります。まず糖質を制限すると体が常に低血糖状態になり、頭痛やめまい、疲労感などを感じやすくなります。腸内環境も悪くなりやすく、便秘や下痢になったり、体臭がきつくなったりする人もいます。

そして私が考える最大のデメリットは、糖質制限を止めたときに一気にリバウンドをしてしまう可能性が高いということです。糖質制限ダイエットは、短期間で大幅にダイエットができますが、体調を崩したり、リバウンドしたりする可能性が非常に高いダイエット法とも言えます。

もしあなたが糖質制限によるダイエットをしようと思ったら、とりあえずやってみようといきなり始めてはいけません。ダイエットが失敗に終わるリスクを避けるためには、糖質をいきなり大幅にカットすることは避けてください。

例えば、最終的に糖質を50％減らそうと考えた場合、いきなり50％を減らすのではなく、最初の1週間は約10～20％を減らして1週間～10日間続けてみましょう。体の疲労感やお腹の調子などをしっかり把握して、問題がないと思ったら段階的に糖質を減らすようにしましょう。

少しでも体に変調が見られたら、糖質の摂取量を増やすようにしてください。できれば糖質制限は一人で行うことは避け、ダイエットや栄養に関する専門家のアドバイスの下で行うことをおすすめします。

軽い気持ちで行うものではないと理解して、しっかりと計画を立てて行ってください。

4　ダイエット中におやつを食べてはいけませんか？

結論：おやつは食べてもよいですが、毎日食べるのではなく必要なときに食べましょう。

ダイエットをしたいけれど、おやつを食べたい。でも、おやつを食べたらダイエットが進まないか不安。ダイエットをしている人の多くが悩む問題ではないでしょうか。結論から言えば、ダイエットのときにおやつを食べてよいかどうかは、あなたの考えているダイエット期間とどれだけの結果を出そうと考えているかによります。

もしあなたが1～2か月の間に体重の10％以上を減らし、なおかつ美しいボディラインを手に入れたかったら、食事以外の間食を取ることは止めましょう。１日何食食べると決めて計画通り進めていかないと、短期間で大幅なダイエット効果を出すことは難しくなります。

逆に3か月以上の比較的長期間のダイエットを行おうとするのであれば、通常の食事に加えておやつを食べることもよいと思います。ただし、食べるおやつの種類を間違えると、ダイエットが進まないどころか、逆に太ってしまうなんてこともありますので、注意が必要です。

では、おやつを選ぶポイントを4つ紹介したいと思います。

選ぶポイント1　1日で食べるお菓子のカロリーは100カロリー以下に抑える

ダイエットの基本は摂取カロリーを抑えることに尽きますので、1日の摂取カロリーをどれだけ抑えるかが大切です。もちろん食事以外でのおやつも例外ではなく、カロリーが多いものを食べてはいけません。

おすすめの目安は、1日のおやつから摂るカロリーを100カロリー以内に抑えることです。100カロリー以内と聞くと何も食べる物がないと思ってしまいますが、工夫次第で色々食べることができます。

選ぶポイント2　できるだけ高糖質と飽和脂肪酸を避けた物を選ぶ

摂取カロリーの目安は100カロリー以下ですが、カロリーを抑えたら何を食べてもよいと言うわけではありません。そこで意識をしてもらいたいのが、糖質と脂質の種類です。ダイエットにはたんぱく質が不可欠なので、高たんぱくのものを優先的に選んでください。避けたほうがよいのは、砂糖がたくさん入った甘いお菓子や油で揚げてあるお菓子です。

選ぶポイント3　飲み物ではなく固形物を選ぶ

おやつに甘いカフェラテやジュースなどを飲む人もいますが、できれば水分ではなく固形物を摂ってもらいたいと思います。なぜかと言うと、糖質の含有量が多いというのもありますが、水分の場合は満足感が固形物より少なく、ついつい飲みすぎてしまいがちだからです。

ポイント4　毎日食べる習慣にしない

おやつを食べるタイミングを毎日いつ食べると決めないほうがよいです。人は習慣になると、本当は食べなくてもよいのに食べてしまうことがよくあります。

毎日おやつを食べることは避けて、本当にお腹が空いたときや体が必要と感じたときだけ食べるようにしてください。

私がおすすめするおやつ5選

これは私がダイエット指導をするクライアントさんたちにおすすめしているおやつを5つご紹介したいと思います。

・おすすめのおやつ1　素焼きのナッツ類

アーモンドやくるみ、カシューナッツやピスタチオなどのナッツ類はビタミンやミネラルも豊富で、よい脂質と言われているオメガ3脂肪酸などが含まれています。ただ、カロリーが比較的高いので、食べる量を10粒ほどに抑えてください。塩分が多くなると、むくみの原因にもなりますので必ず素焼きの物を選んでください。

・おすすめのおやつ2　チーズ

コンビニなどで販売しているさけるチーズが個人的にはおすすめです。お腹が空いたときに1本食べてください。食べ過ぎは塩分とカロリー高になるので、注意してください。

・おすすめのおやつ3　寒天ゼリー

寒天はカロリーが0なので、ダイエットには適したおやつになります。特にダイエットによる便秘などお腹の調子に悩んでいる人にはおすすめです。なぜなら、寒天には水溶性の食物繊維がたっぷり含まれているので、便秘解消に役立ちます。

・おすすめのおやつ4　ドライフルーツ

パイナップルやいちじくなどのドライフルーツは、砂糖が添加されていない物を選んでください。フルーツは基本的に糖質がメインの食べ物なので、とにかく食べ過ぎには注意が必要です。ダイエットのためにしっかりとトレーニングした後に食べるのがおすすめです。

・おすすめのおやつ5　あたりめ　酢昆布　茎わかめ

この3つの共通点は、しっかりと噛む必要があることです。どれもカロリーが低く歯ごたえがあるため、噛むことで満腹感や満足感が得られやすいです。ただカロリーが低いと思い、たくさん食べてしまうと、塩分の摂りすぎからむくみがひどくなり、ダイエットの妨げになりますので注意しましょう。

5　食べてはいけない物、食べたほうがよい物はありますか？

結論：はい、ダイエットに適した食べ物と適さない食べ物があります。

ダイエットを成功させるには、食事・運動・生活習慣・メンタルの４つが大切です。その中でも一番大切な物は食事です。つまり、毎日何をどれだけ食べるかで決まります。ダイエットを成功させることはもちろん、健康な体をつくる観点から見ても、何を食べるかがとても重要なことなのです。

今はダイエット効果を打ち出す食品も数多くあり、ダイエットをする上で何を優先的に食べ、何を避けたほうがよいのか悩んでいる人も多いと思います。そこで、私がおすすめするダイエットに適した食べ物、適さない食べ物について栄養素別にご紹介したいと思います。

たんぱく質

ご存じの方も多いと思いますが、ダイエットにとって必要不可欠な栄養素であり、積極的に食べたほうがよい栄養素です。人の体の大部分（筋肉、皮膚、髪、腱など）にはたんぱく質が多く含まれています。たんぱく質の一番の働きは体をつくるということです。ですので、ダイエットをするときには、たんぱく質を積極的に食べなければなりません。

ただし、食事の中でたんぱく質を選ぶときに大きな欠点があります。それはお肉などに代表されるのですが、脂質が一緒に含まれているものも多いということです。脂質の摂り過ぎはダイエットにとってはマイナスなので、できるだけ脂質の少ないものを選びましょう。

お肉を食べるときには、脂質の少ない牛肉や豚の場合はモモやヒレ、鶏肉ではササミやムネがおすすめです。あまり馴染みのない人も多いと思いますが、馬肉や羊肉も低脂質で高たんぱくなのでおすすめです。

魚や魚介類は全般的に高たんぱく低カロリーの物が多いです。その中でもさんまやいわしやさばなどの青魚には脂肪燃焼に役立つＤＨＡやＥＰＡが含まれているのでおすすめです。

あまりイメージがない人も多いと思いますが、豆類もたんぱく質が豊富に含まれています。豆類の代表的な物と言えば、大豆ですので、納豆や豆腐や枝豆やきなこなどを毎日少しでも摂ることをおすすめします。

・炭水化物

炭水化物はすべて食べたらいけないと思う人もいますが、体のエネルギー源になるので、必要な栄養素と言えます。ただし同じ炭水化物を摂るのであれば、脂肪が付きにくくダイエットに効果的な物を食べてください。

日本人が炭水化物を主食として食べる場合は、白米・うどん・パンなどが多いと思います。これらの食材は馴染みがあり、多くの人にとって毎日食べる習慣がある物です。しかし、ダイエットにとっては有効ではありません。

同じ炭水化物を食べるのであれば、食物繊維が豊富に含まれている物を選びましょう。おすすめは玄米・マンナンライス・全粒粉のパスタ・全粒粉のパン・オートミール・そばです。砂糖を多く含む、スイーツや果物はできるだけ避けましょう。もし甘い物が食べたいと思ったら、はちみつ・黒糖・メープルシロップを使用した物を選びましょう。

・脂質

脂質はダイエットにとって悪いイメージがありますが、人にとって必要不可欠な細胞の膜をつくったり、肌に水分を保持したりする機能などもあるので、必要な栄養素の1つです。すべてがダイエットにとっておすすめできない物ではありません。

例えば、お肉の脂身・バター・サラダ油などは体脂肪に蓄積されやすいため、できるだけ避けましょう。一方同じ脂質でも、魚に含まれている油やオリーブオイル・大豆油などはエネルギーになりやすいのでおすすめです。

6　お酒を飲むと、ダイエットはできませんか？

結論：お酒はダイエットにとってプラスになることはありません

お酒は太るとか、太りにくいから飲んでもよいなど様々な意見があります。たしかに「お酒を飲む＝太る」と言うのは半分正解で半分間違っていると言えます。

まず「お酒は太る」という考え方ですが、どんなお酒であっても糖質が高い事実があります。糖質が体内でエネルギーとして消費されなければ体脂肪として蓄積されますから、ダイエットにとってマイナスに作用します。

逆に「お酒は太りにくい」という考え方ですが、この根拠は「アルコールのカロリーはエンプティカロリー」という考え方です。アルコールのカロリーは体脂肪として蓄積されにくく、熱として変換されるので、アルコールが直接的に太る原因にはならないと言う考え方です。

この2つの考え方を見ると、意見が真っ向から対立しています。

それでは、国際的な肥満学会の調査ではどうだったのでしょうか。結果、1日あたり缶ビール（350㎖）を半分以上飲む人は肥満のリスクが高まり、この傾向は男女ともに見られましたが、男性の方が肥満のリスクがより高く出ました。

つまり、お酒を飲む人のほうが太りやすいということです。私も長年のダイエット指導の経験から同様に感じています。飲酒の習慣がある人とない人では、飲酒の習慣がある人のほうが圧倒的にダイエットが進みにくく、成果も出にくいのです。このことからも、お酒を飲む人のほうが太りやすいまたは太っているということが言えます。

では、なぜお酒を飲む人のほうが太りやすいのでしょうか。それは体の機能的な面もありますが、精神的な部分が大きな影響を与えているからです。みなさんお酒を飲むときは何かを食べながら飲むことが多いのではないですか。私もそうなのですが、お酒を飲んだ後はラーメンやおにぎりなどの炭水化物が食べたくなります。酔いが回り、自制が効かなくなることが原因です。このような習慣が続くと自然とカロリーをたくさん摂ってしまい、結果的に太ってしまうのです。

お酒がダイエットによくないことはわかったけど、どうしても止められないという人もいると思います。そんな方のために、どちらかと言えば飲んでもよいお酒と絶対に避けてもらいたいお酒を紹介します。

まずダイエットをしている人がお酒を飲むなら、ウイスキー・焼酎・ブランデーなどの蒸留酒を選んでください。この蒸留酒とは他のお酒と比べて、圧倒的に糖質が低いためにお酒の中では体脂肪になりにくいお酒と言えます。

絶対にダイエット中に飲んではいけないお酒とはビール・ワイン・日本酒などの醸造酒です。醸造酒は蒸留酒に比べて、圧倒的に糖質が高いので、ダイエット中には絶対飲んではいけないお酒です。

このような話をすると、「お酒は百薬の長だから体によい」とか「ワインに入っているポリフェノールは抗酸化作用があって美容によい」と言う人もいます。しかし、ダイエットでは醸造酒は絶対に避けなければなりません。先ほどもお伝えしたように、ダイエットとお酒の関係というのは単なる体の機能的な部分よりも飲酒によるメンタルの影響が大きいのです。

そのことをしっかり理解し、ダイエット中のお酒はできるだけ避けるようにしてください。

どうしても飲みたければ、できるだけ糖質が少ない蒸留酒を飲んでください。

7　水をたくさん飲むと、ダイエットできますか？

結論：水をたくさん飲むことで、ダイエットだけではなく美容や健康にも役立ちます。

ひと昔前は、「水を飲み過ぎると水太りになるから、そんなに飲まないほうがよい」とか「運動中に水を飲むと体が疲れるから我慢する」ということが常識でした。今は考え方が１８０度変わり、「水を飲むとダイエット効果がある」とか「運動中には水をこまめに飲まないといけない」と言われています。

はたして水をたくさん飲むとダイエットできるのでしょうか？

体の中には多くの水分があり、子どもは約70％が大人は約65％が水だと言われています。水を飲むと、摂った水分は腸から吸収されて血液などの体液として全身を循環します。体液は、体の各組織に酸素や栄養素を運んだり、不必要になった物質を排泄したりします。また体温調節をする役割もあります。つまり水は人の生命維持にとって、なくてはならない物です。

水とダイエットの関係ですが、水を飲むことでダイエットが効率よく進む理由は大きく分けて３つあります。

１つ目は、水を飲むと栄養や酸素を運ぶスピードが早くなることで、細胞が活性化されて代謝が高くなります。それにより、消費エネルギーが高まるので、カロリー消費量も増加します。この働きがダイエット効果に繋がります。

２つ目は、水をしっかりと飲むことで、多くの女性が悩む便秘を解消できる可能性が高まります。体内の水分量の低下は、便秘の原因になりやすいからです。便秘になると自律神経が崩れて、血液の巡りが悪くなり、栄養が細胞に吸収されにくくなります。そうなると体脂肪が増えたり、浮腫み、冷え症の原因にもなったりします。便秘が解消され、滞留便が排泄されることは、ダイエット効果に繋がります。

３つ目は個人差にもよるのですが、食事のときに水を飲みながら食べるとペースがゆっくりになり、いつもより早く満腹感が得られやすくなります。少ない食事の量で満腹感が得られれば、必然的に摂取カロリーが少なくなるので、ダイエット効果に繋がります。

ただし、空腹を満たすためだけに、大量に水を飲むことはおすすめできません。ダイエットに効果的な水の飲み方とはどんな飲み方なのでしょうか。４つ説明します。

①一度に大量の水を飲まない

ダイエットしたいからと一度に大量の水を飲んでしまうと、体内の水分を排出する腎臓の機能が限界を超えてしまい、水中毒という症状になってしまう可能性があります。腎臓に負担をかけ過ぎないためにも、こまめな水分補給を心がけましょう。

おすすめのタイミングは「起床時」「食事の時」「運動前後または運動中」「入浴前後」「就寝前」です。

②できるだけ常温に近い水を飲む

夏など暑い時期や入浴後など体がポカポカしているとき、冷えた水はとても美味しく感じます。ただし、冷たい水を飲み過ぎると胃腸に負担をかけてしまったり、血液の温度が一時的に低下し血液の循環が悪くなったりすることで、痩せにくい体質になってしまいます。どうしても冷たい水を飲みたいと思ったとき以外は、できるだけ常温かぬるま湯を飲むようにしましょう。

③こまめにお手洗いに行く

水の飲む量が増えると、それに比例して尿の量が増えお手洗いの回数も増えてしまいます。状況によりすぐにお手洗いに行けないかもしれませんが、できるだけこまめに行くようにしてください。女性の場合は膀胱炎などのトラブルを回避することができますし、体内の水分を循環させることで、体を常にきれいな状態に保つことができます。

④飲む量を少しずつ増やし継続する

ダイエットのために水を多めに飲もうと思っても、いきなり増やさずに少しずつ無理のない範囲で増やしていきましょう。短期間で終わることなく、継続することが大切です。

もちろんダイエットのために水を飲むことも大切ですが、長期間継続することで体質を改善し健康や美容を維持することができます。

水の中でも天然水やアルカリイオン水、海洋深層水や水素水など様々な種類があり、味や効果も違います。色々試してご自分に合った水を見つけてみてください。

8　ダイエットのためにサプリメントを飲むことは効果的ですか？

結論：「ダイエット=痩せる」とは考えず、ダイエットをサポートしてくれる手段の1つとして考えてください。

ダイエットをしていると「簡単に痩せたいから、ダイエットサプリメントを飲んでみようかな」と思う人は多いと思います。テレビや動画などを見ていても、巧みな言葉で購買意欲を高める広告が数多く出ています。

ダイエットサプリメントの種類は大きく分けて3つあります。

①脂肪燃焼系

体脂肪の燃焼を促進したり代謝を高めたりする成分を含んだサプリメントです。年齢を重ねると基礎代謝が低下し、痩せにくい体質になってしまいます。それを燃焼系サプリメントで補うことができます。脂肪燃焼系サプリメントにはアミノ酸やカルチニンなどがあります。

②カロリーカット系

食事で摂取した糖質や脂質の吸収を減らしたり、吸収を緩やかにしたりすることで、同じカロリーを摂取したとしても太りにくくなります。カロリーカット系サプリメントの種類には糖質カットと脂質カットがあり、糖質カットにはギムネマ・サラシア・桑の葉などがあります。

また脂質カットにはキトサンなどがあります。糖質や脂質を本当にカットできるのであれば、食事の量を減らすことと同様の効果があります。

③整腸系

「ダイエットに便秘は大敵」という考え方から、腸のコンディションをよくして滞留便を減らすことで体重を落とすことを目的としたサプリメントです。

最近では腸内細菌の善玉菌はダイエットに効果がある痩せ菌と呼ばれており、善玉菌が肥満の防止やダイエットを促進させる働きがあることがわかってきています。整腸系サプリメントにはビフィズス菌や乳酸菌などがあります。

私はこれらのサプリメントをすべて飲んだ経験がありますし、クライアントさんにおすすめすることもあります。個人的な感想を言うと、ダイエットサプリメントの効果を実感したことは全くありません。今まで30種類以上飲みましたが、飲んだ後急激に体重が落ちたことはありませんし、体に特別な変化が出たことも一度もありませんでした。

つい最近は、今話題の某有名プロスポーツ選手がプロデュースした燃焼系サプリメントのＨＭＢを3か月間飲みましたが、体重や見た目に全く変化はありませんでした。そして飲み終えた後2週間は、1日の摂取カロリーを４００カロリー減らしてみました。すると2週間で体重が4kg落ちました。つまり食事制限をしたほうが痩せたということです。

私自身は、ダイエットサプリメントは所詮その程度なのだろうと考えますが、決してすべてを否定するわけではありません。

例えばダイエットサプリメントを飲むことで、ダイエットに関する意識が高まり、食生活を見直すきっかけになることもあります。腸内環境が悪い人が整腸系のサプリメントを飲むことで、滞留便が大量に排泄され体重が落ちることもあります。

ですので「ダイエットサプリメント＝痩せる」とは考えずに「ダイエットサプリメント＝食生活や生活習慣などを見直す手段」だと考えるようにしてみてください。

9　断食（ファスティング）はダイエットに効果がありますか？

結論：断食はダイエット時の停滞期を打破するには効果的な方法です。

「断食をすると体によいことが多い」、「断食は体を綺麗にする」など色々な話を聞くことがあると思います。しかし、「どのぐらいの期間、どんなタイミングで行ったらよいのか」などしっかりとわからないまま、断食をスタートをしてしまう人もたくさんいます。

もし、あなたがダイエットのために断食をしようと思っていたのであれば、流行っているからといきなりスタートをせずに、しっかりと計画を立ててから行いましょう。

また断食は心も体も健康な人のみが行ってよい方法ですので、持病がある人や心の状態がよくない人、そして健康に不安がある人は絶対に断食を行わないでください。

断食をするとどんな効果があるの？

断食をするということは、体の中に一定期間食べ物を入れないということなので、あえて空腹の状態をつくることになります。

断食の最大のメリットと言えば、食べない時間をつくることで日々動かしている胃腸を休めることです。しっかりとした断食でなくても、1日1食にしたり半日だけ空腹の時間をつくったりするなどでも、胃腸を休めるという効果は期待できます。

消化吸収を行う体の器官を休ませることで、細胞の活性化が促進されたり排出にエネルギーが集中できたりします。

断食の種類と適切な日数とは

断食の期間ですが、断食をする日数だけを考えるのではなく、断食を始める前の試運転期間、断食をする期間、体を元に戻す期間を合わせて考えてください。

ダイエットのために断食をするなら2～4日間がおすすめです。この期間であれば、精神的なモチベーションを保つことができやすいです。なおかつ、仕事や日常生活にも悪影響が出にくい期間だと言えます。これに試運転期間を1日、体を元に戻す期間を2日取り、合計5～7日間で行いましょう。このサイクルはあくまでダイエットのために行う断食になります。

胃腸を休ませたいとか、肌のコンディションを整えたいなど健康目的のために行うのであれば、もっと短い期間で行ってもよいと思います。

ダイエットのために具体的なおすすめ断食方法

①断食前日の過ごし方

断食前日は試運転の期間ですので、食事法に少し工夫をしてもらいたいと思います。

食事の量などは増減させる必要はありませんが、焼肉・揚げ物・ラーメンなど脂っこい食べ物は避けてください。昼食まではしっかりと食べ、夜ご飯はおかゆや雑炊など消化のよい物を食べるように心がけてください。

②断食期間中の過ごし方

断食期間中の３日間は、基本的に固形物は食べないようにしてください。ただし、最低限の栄養を摂取するために、水分で1日2回の栄養補給を行いましょう。具体的には、プロテインドリンク・野菜ジュース・フルーツジュース・豆乳などがおすすめです。

とはいえ、体調を崩してはダイエットをする以前に健康を害してしまいます。明らかに体調に変化が見られたら、固形物を少しずつ食べるようにしてください。そのときはバナナ・サツマイモ・おにぎりなどがおすすめです。

③断食終了翌日の過ごし方

３日間の断食を終えた翌日は、調整日だと思って過ごしてください。断食前日同様に脂っこいものはできるだけ避けてください。特に空腹時間が長かったので、食欲が増して一度にたくさんの物を食べたくなりますが、食事回数を増やし少しずつ食べるようにしてください。

④その他の注意点

断食前日から断食翌日が終るまで、水分補給は十分に行ってください。食事の回数や量が減ると、それに合わせて水分摂取量が減ってしまう人がいます。断食中の脱水が一番危険ですので、意識的に水分摂取量を増やしましょう。

一般的には「断食期間中はダイエットのためのトレーニングは行わないほうがよい」と言われています。

しかし私はダイエットをする人の体力に合わせて、最低限のトレーニングを行うように指導をしています。決して無理する必要はありませんので、体力のない人はウォーキングやストレッチだけでも十分です。体力のある人でも、軽い重量のダンベルを使いましょう。全身の筋肉を刺激してほしいので、体の各部位1種目ずつトレーニングをする方法がおすすめです。

ダイエットのための断食は、精神的にも肉体的にもキツイため、簡単にできるものではありません。この方法は停滞期を打破するときの最終手段と思って行ってください。

注意してほしいことは、やり方を間違えたり、体質によっては低血糖に陥ったりしてしまうことが考えられます。もし少しでも不安を感じるのであれば、無理して行わずに週末だけ行うなど少ない日数でもチャレンジしてみるのもいいと思います。

10　０カロリーの食べ物は食べても太りませんか？

結論：実際太ることはありませんが注意が必要です。

コンビニやスーパーに行くと、０カロリーの食べ物が年々増えています。ビールなどのアルコール飲料、コーラ・ゼリー・ようかんなどのスイーツにいたるまで色々な種類が出回っています。

よく「０カロリーの食べ物はカロリーがないから太りませんよね？」とか「０カロリーの食べ物を毎日お腹いっぱい食べてもよいですよね？」などの質問や相談をいただくことがあります。

たしかにカロリーが０なら、いくら食べても太らないと思うのは当然ですし、実際太ることはありません。一見、いくら食べても太らない魔法の食べ物かと思える０カロリーの食べ物ですが、そうではない部分もたくさんあります。

まずノンカロリーや０カロリーと表示してある物ですが、日本の法律に基づく栄養表示基準では「食品１００gあたりまたは飲料１００mℓ当たり５カロリー未満のカロリーであれば、０キロカロリーやカロリーオフ」と表示できます。

カロリー０と思って食べていたものが、実際にはカロリーがあったということはよくあることなのです。問題は「０カロリーの食べ物が一体何カロリーなのかわからない」という点です。「本当に０かもしれないし、カロリーを含んでいるかもしれない」という意識が必要です。

ただ、通常の食べ物に比べてカロリーが大幅に低いことは事実ですので、ダイエットをする人にとっては強い味方になります。

ちなみにカロリーオフやカロリー控えめ、また低カロリーなどと表示されている食べ物は食品100g当たり40カロリー未満、飲料100㎖当たり20カロリー未満を含むものが表示されます。この含まれているカロリーが、低いと思うか高いと思うかはみなさんの考え方次第だと思いますが、私個人的には低カロリーと強調する程ではないと感じます。カロリーオフや低カロリーの表示に関しては、「他のカロリーの高い物よりは低カロリー」というイメージでよいかと思います。

次になぜカロリーが0なのに味があったり甘かったりするのかに関してですが、これは多くの人工甘味料が使用されているからです。人工甘味料とは、食品に甘みを付ける目的でつくられた化学的な甘味料です。

0カロリーの食品にはこの甘味料が大量に使用されています。代表的な人工甘味料はスクラロース・アステルパーム・アセスルファムカリウムです。これらの人工甘味料には大きく3つの危険性が潜んでいます。

①ホルモン分泌への影響

人工甘味料を摂取した場合、甘い物を食べたときのような血糖値が上昇することはありません。ただし、脳は味覚を通じて「甘い物を食べたのかな?」と勘違いしてしまいます。

脳は甘い物を食べたから血糖値を上昇させようとしますが、血糖値は上昇しません。この矛盾によって体の中で混乱が起きます。その混乱を解消しようと、脳は血糖値を上げるような物を食べなさいと命令を出します。

脳からこの命令が出ると、人はものすごく空腹感を感じたり過食に走ったりストレスを感じたりするのです。０カロリーの物を食べた結果、本当のカロリーを摂りたくなりダイエットが進まないと言う危険性があります。

②味覚への影響

人工甘味料は砂糖に比べてものすごく甘くつくられています。アステルパームは砂糖の約２００倍。スイーツなどによく使用されるスクラロースは約６００倍とも言われています。どうしてそこまで甘くする必要があるのかはわかりませんが、ここまでしないと味覚が騙せないのかもしれません。

この人工甘味料によって甘さに慣れてしまうことにより、味覚が鈍ります。味覚が鈍ることで、すべての食べ物に対して甘みが足らないと感じ、砂糖を多く入れてしまうようになるのです。その結果カロリーオーバーになり、逆に体重が増えてしまうなんてこともあります。また味の濃い物を好むようになってしまうため、高血圧のリスクも高まります。

③依存症の危険性

人は甘い物を食べると、ドーパミンなどの神経伝達物質が分泌され、幸福感や満足感を得られます。これは「甘い物は別腹」とか「自分へのご褒美」と言って、スイーツを食べる人の行動からもよくわかります。

このドーパミンが分泌されると、もっと食べたい欲求が強く出てしまいます。甘さが強い人工甘味料の、習慣性や依存性には本当に注意が必要です。

このようにカロリー0の食べ物はダイエットに関して、薬にも毒にもなる可能性があると理解した上で食べるようにしてください。私のクライアントさんには、3日に1回だけ0カロリーのスイーツを食べる、週末だけ0カロリーのアルコールを飲むなど、いつ何をどれだけ食べると決めてくださいとおすすめしています。

それを守ることで、依存性を抑えることができますし、食べ過ぎを防ぐこともできます。ダイエット期間中多くの人が甘い物を食べたくなるので、0キロカロリーの食べ物を上手く使いダイエットの味方にしてください。

11　1つの物だけを食べる単品ダイエットは効果がありますか？

結論：単品ダイエットはリスクが大きいためおすすめしませんが、多品目を食べることがダイエットに効果的な訳でもありません。

単一の物だけを食べる単品ダイエット、いつの時代も流行っています。りんごダイエット・たまごダイエット・バナナダイエットなどがこれにあたります。一度はチャレンジをしたことがあるという人も多いと思いますが、結局ダイエットが成功できなかったという人も多いのが現状です。私を含めて多くのダイエットや健康に関わる専門家が単品ダイエットはやめたほうがよいと主張しています。

「単品ダイエットはなぜやってはダメなのか？」「本当にダイエット効果がないのか？」そして、「どんな風に変えることができれば効果が出せるのか？」などを考えてみたいと思います。

結論から言うと、1つの物だけを食べることは体へのリスクが大きく、その割に効果が少ないのでおすすめできない方法です。

同じ物だけを食べ続けるダイエットのリスクは、大きく分けて3つあります。

①極端に不足する栄養素が出てしまう

例えばりんごだけ食べ続けるダイエットでは、炭水化物・カリウム・ナトリウムが主な栄養素なので、体に必要なたんぱく質と脂質が極端に不足しています。

また、卵だけ食べ続けるダイエットなら脂質とたんぱく質は摂ることができますが、炭水化物が不足していますし、コレステロールも摂り過ぎています。

このように1つの食品では最低限必要な3大栄養素をカバーすることができません。

②精神的に「飽き」が来て続けることができにくい

単一の食品を食べ続けることは、肉体的な問題よりもむしろ精神的な影響のほうが大きいかもしれません。同じものを食べ続けるのは、比較的短期間で「飽き」の状態になってしまいます。

精神的な辛さから別の物を食べてしまい、結局ダイエットができなかったことも多くあります。

③基礎代謝を下げて体質が改悪されてしまう

単品ダイエットをすると一番不足してしまう可能性が高いのが、ビタミンとミネラルです。この2つの栄養素が不足すると、基礎代謝の低下に直結します。基礎代謝が低下すると、免疫力が低下し病気になりやすくなったり、痩せにくい体質になったりと体質の改悪に繋がります。

このようなリスクを考えると、単一の物だけを食べることは避けたほうがよいです。

しかし、「たくさんの種類を食べたほうがよい」という考え方もダイエットにおいて、正しいわけではありません。なぜなら、健康的にダイエットがしたいからとたくさんの種類の物を食べることによって、カロリーオーバーになってしまうからです。私のクライアントさんの中にも、1日20品目を食べながらダイエットをするとチャレンジして、逆に太ってしまったという人もいます。

ダイエットを集中的に行う場合は、あまり色々な物を食べようとせずに、5大栄養素がある程度摂取できるのであれば、品目は少なくても大丈夫です。例えば、朝・昼・晩に1品ずつ決めてそれを食べ続ける方法でダイエットに成功したクライアントさんがいました。そのときに食べてもらったのが、次のようなメニューです。

朝：ゆで卵2個　昼：おにぎり2個　夜：チーズの入ったサラダ
朝：はちみつを入れたヨーグルト　昼：全粒粉のパスタ　夜：豆腐1丁
朝：バナナ　昼：野菜スープ　夜：鶏肉のソテー

このようなメニューをクライアントさんに提案して、少ない品目でも劇的なダイエットに成功したという例も数多くあります。

今までの常識である、「1日にたくさんの品目を食べなければいけない」という考え方に固執せずに、少ない品目でもダイエットができる方法があります。

12　コーヒーはダイエットによいのですか？

結論：コーヒーには脂肪を燃焼させる成分が含まれているので、上手に利用しましょう。

少し前にマスコミなどに取り上げられてご存じの方も多いかもしれませんが、ブラックコーヒーは飲み方や種類を考えて飲むと、ダイエットの効果を引き出すことができます。

なぜブラックコーヒーを飲むとダイエットによいのかというと、ブラックコーヒーの成分の中で体脂肪を燃焼させる成分が含まれているからです。

ブラックコーヒー３つのダイエット効果

①カフェインによる効果

コーヒーに含まれているものと言えば、多くの方がカフェインをイメージすると思います。カフェインと聞くと、「不眠になってしまう」とか「妊婦さんは飲まないほうがよい」などマイナスの作用を考える人も多いかと思います。

そんなカフェインですが、様々なプラスの作用も認められているのです。その1つに、皮下脂肪の燃焼を促進する効果があります。コーヒーを飲むことで、人の体内にあるリパーゼという酵素が活性化されます。リパーゼは、脂肪酸とグリシンの2つに分解されます。脂肪は、脂肪酸とグリシンに分解されてはじめて燃焼されるので、この分解がスムーズにされることで脂肪燃焼が効率よく行われます。

もう1つは、血行がよくなる効果です。この血行促進は体温が上昇する要因になり、体温の上昇は基礎代謝の上昇に繋がります。さらに、カフェインには利尿作用があります。余計な水分を排泄する働きがありますので、むくみの解消に繋がります。

②クロロゲン酸による脂肪燃焼効果

コーヒーには、カフェインの他にポリフェノールの一種であるクロロゲン酸が含まれています。このクロロゲン酸もカフェインと同様の働きがあり、体脂肪燃焼が促進されます。また、痛風の予防効果も認められているので一石二鳥です。

これらの効果を考えると、コーヒーは非常にダイエットに有効な飲み物であることがわかります。ただし、コーヒー豆の種類や淹れ方、飲むタイミングに注意しましょう。

・アイスではなくホットがおすすめ

夏の時期などは冷たいアイスコーヒーを飲みたくなりますが、ダイエット効果を期待して飲むのであれば、迷わずホットコーヒーを選びましょう。ホットコーヒーは、アイスコーヒーに比べてカフェインやクロロゲン酸の効果をより引き出すことができます。

また温かい飲み物は体を温め、代謝を上げることができます。クロロゲン酸は熱に弱い性質があるため、沸騰したお湯ではなく80度ぐらいがベストです。

・ブラックコーヒーで飲みましょう

コーヒーを楽しむときにミルクや砂糖を入れる人も多いと思いますが、できるだけブラックコーヒーを飲みましょう。ブラックコーヒーは１杯４キロカロリーとほぼ考えなくてもよいレベルですが、ミルクや砂糖を入れてしまうとカロリーが増えてしまいます。どうしてもブラックでは飲めない人は砂糖とミルクをできるだけ少なくして飲んでください。

・インスタントではなくドリップコーヒーを選びましょう

コーヒーを飲む場合、手軽に飲めるインスタントコーヒーや缶コーヒー、カフェや自分で淹れるドリップコーヒーなどがあります。もしダイエット効果を期待してコーヒーを飲むのなら、ドリップコーヒーを選びましょう。なぜなら、インスタントコーヒーや缶コーヒーの場合、カフェインとクロロゲン酸の量が少なくなってしまうため効果が低くなってしまうからです。

・焙煎は浅煎りがベスト

少し専門的な話になりますが、コーヒーには焙煎の種類により浅煎りと深煎りがあります。クロロゲン酸は熱に弱いため、深煎りでは焙煎の過程で効果がなくなってしまいます。

自分でつくる場合は浅煎りの豆を使用し、カフェなどで頼むときはあっさりしたコーヒーを選んでください。

では、いつのタイミングで飲むのがよいのでしょうか？

私がおすすめするコーヒーを飲むタイミングは食後と運動前です。食後にコーヒーを飲む習慣のある人も多いと思いますが、これは理にかなっています。コーヒーには食事によって体に取り込まれた脂質を燃焼させる効果があります。食後のコーヒーを飲むことで、体に取り込まれた脂質を素早く燃焼させることができます。また、運動をする30分ぐらい前に飲むことで運動中の脂肪燃焼を促進させることができます。

コーヒーは、ダイエット以外にもリラックス効果や眠気覚ましなど色々な効果が期待できますので、皆さんの好みや用途に合わせて取り入れてください。

13　ダイエット中にはプロテインを飲んだほうがよいですか？

結論：プロテインは不足したたんぱく質を補うためには必要な物ですが、それ以上でも以下でもない栄養素です。

ダイエット指導をしていると、時代の変化に伴いクライアントさんからの相談内容にも変化が見られます。２０１８年を過ぎた頃から急増している質問の１つがプロテインに関しての質問です。

質問としては「ダイエットにはプロテインを飲まなきゃダメですよね？」「ダイエット用のプロティンは普通の物と何が違うのですか？」「1日何回プロテインを飲めばよいですか？」などです。

皆さんに質問です！　プロテインとは何だと思いますか？

これはプロテインに関する質問をしてくれたクライアントさんにお話をすることなのですが、こんな答えが多いのです。

・筋肉を付けるための飲み物
・飲むと脂肪が燃焼する物
・美容に効果がある飲み物

これらはすべてプロテインの説明として正しいものではありません。プロティンを一言で説明するのであれば、『たんぱく質という栄養素の1つ』です。プロテインを日本語に訳すと『たんぱく質』であり、それ以上でも以下でもありません。

ここ数年のフィットネスブームから多くの企業がプロテインを売るために、運動するには絶対に必要な物、筋肉をつくる魔法の飲み物、ダイエットには不可欠な物というイメージをつくっています。そんなにすごい物ではなく、卵や肉や魚などに多く含まれているただの栄養素なのです。

ですので、食事で必要なたんぱく質の量を摂れていれば、飲む必要はありません。もちろんプロテインをすべて否定している訳ではなく、必要な人が必要な量だけ飲むことは効果がありますし、私自身もプロテインの愛飲歴は25年になります。

現在、比較的手に入りやすいプロテインの種類として大きく分けて3種類あり、それぞれに特徴があります。

①ホエイプロテイン

牛乳に含まれているたんぱく質の一種であるホエイ（乳清）を原料としてつくられたのがホエイプロテインです。市場に出回っているプロテインの中で圧倒的に多いのが、このホエイプロテインであり、体への吸収力が速いのが特徴です。筋トレに励んでいる人はこのホエイプロテインを飲んでいます。

②カゼインプロテイン

ホエイプロテインと同じ牛乳を原料としてつくられています。このカゼインは生乳を構成するたんぱく質が主で、ホエイに比べて体への吸収速度は遅いです。

③ソイプロテイン

大豆を原料としてつくられたプロテインです。カゼインと同じように体への吸収速度は遅く腹持ちがよいのが特徴です。また大豆に含まれているイソフラボンが入っており、女性には欠かせない栄養素なので合わせて摂ることができます。

私はダイエット時の間食として、ソイプロテインをおすすめしています。

プロテインには様々な種類や製法、価格帯のものがありますが、品質や効果は価格に比例することが多いため、プロテインを選ぶときにはできるだけ価格の高いものを選んでください。

プロテインが必要な人

さて、プロテインが必要な人とはどんな人でしょうか？　私がおすすめするのは次の３パターンの人たちです。

・食事で必要なたんぱく質が摂取することができない人
・体を大きくするために多くのたんぱく質を摂取する必要がある人
・プロテイン自体を飲むことが好きな人

ダイエットを行っている場合、必要なたんぱく質（体重１kg当たり０・８gが目安）を取ることが難しいのであれば、プロテインで不足分を補うことを考えてください。今よりも筋肉を増やして体を大きくしたいという人は、通常の食事にプロテインを加えることで摂取カロリーが増えて体が大きくなりやすくなります。

ダイエットもしたくないし、体も大きくしたくないけどプロテインを飲みたい人は、１日の摂取カロリーの中からプロテイン分のカロリーを減らして飲むことでプロテインを飲みながら体型を維持することができます。

先程にも述べたとおり、プロテインは栄養素の１つであるため、ダイエットができる魔法の飲み物ではありません。プロテインの常識として『筋トレ後に素早く飲むべき』とか『よい製法のＷＰＨ製法の物がよい』など色々な考え方があります。ダイエット目的で飲むとしたら、細かいことは気にせずにたんぱく質を補う物として考えてください。

14　ダイエットをすると、拒食症になる可能性は高くないですか？

結論：ダイエットで拒食症になる人は多いですが、正しく行うことで防ぐことは可能です。

ダイエットをして理想の自分に近づいたり、ダイエット成功がきっかけで自分に自信が付き人生が前向きになったりする点で、私はダイエットをするということが本当に素晴らしいことだと思っています。

しかし、間違ったダイエットをすることで、拒食症になってしまうこともあります。多くの人が悩んでいる点で、ダイエットにとって最大の弊害と言えます。

拒食症とは、食べ物に対して過度な偏見を持ったり、食べなかったり、食べられなくなってしまう病気です。逆に、食べ物をたくさん食べてしまう過食症という病気がありますが、この拒食症と過食症を合わせて摂食障害と言われています。コインの表裏のようにどちらの状態にもなりやすく、拒食症の後に過食症になったり、それを繰り返したりする人も多いです。

なぜダイエットがきっかけで拒食症になってしまうかというと、若い女性に多い「もっと痩せたい」「もっと細くなりたい」という過度な痩せ願望がきっかけになることが多いです。この痩せ願望というのは、「自分の身長が○○cmだから体重を○○kgにしたい」といったものではなく、とにかく痩せたい細くなりたいと思う気持ちから来ます。

以前、私の所にダイエットの相談に来られた拒食症の女性がいたのですが、現状十分すぎるほど細いのに真剣な顔で「私を体脂肪０％の体にしてください」と言われたことがあります。もちろんお断りしたのですが、拒食症の初期段階では「野菜以外はすべて太る食べ物だから食べてはダメ」など過度な偏見や食べる行為が悪いことだと思い、隠れてコソコソ食べるなどします。

拒食症の症状が進んでしまうと、食べ物を体の中に取り入れてしまうこと自体に罪悪感を感じるようになってしまうのです。そこで、食べた後に嘔吐をして外に出そうとする行動をする人もいます。

私の会社のスタッフの中に、10代でダイエットを始めて段々と自分の体型に対するコンプレックスが大きくなり、食物への偏見や罪悪感から1日きゅうり1本とゆで玉子1個だけの生活を続けて、身長１５０㎝で体重が23㎏までになってしまった女性がいます。体が衰弱した結果、動けなくなり即入院で、完治までに2年間の月日がかかりました。

本人いわく、ダイエットをして体重が落ちる喜びが大きくなり、とにかく数字を落としたい、体重を増やす原因になる食べ物はすべて悪だと考えるようになったみたいです。

今まで多くの摂食障害に悩むクライアントさんと接してきましたが、拒食症になりやすい人には４つの共通点があります。

①性格がまじめ

②誰にも言わずひとりでダイエットをしようとする

③体型のことでバカにされた経験がある
④美しさとは○○べきだと言う固定観念がある

とにかくまじめで頑張ろうとして、ひとりで問題を抱え込んでしまいがちな性格の人が拒食症になりやすいと思います。また、体型のことで子どもの頃に馬鹿にされたりいじめられたりした経験がある人もなりやすい傾向にあると思います。

もし1つでもこの4つの共通点に思い当たるところがある人は注意が必要です。

ではどのようなことに気を付けるべきかというと、次のとおりです。

・絶対にひとりでダイエットを行わず、誰かにダイエット宣言をする
・ダイエットに関する悩みを相談できる人をひとりはつくる
・体重の目標値をしっかり決めて、それ以上は絶対に落とさない
・日々の体重の数字に一喜一憂しない

このことを必ず守ってください。ダイエットをすることは素敵なことですが、ダイエットがきっかけとなって病気になることは本当に無駄ですし避けてもらいたいと思います。

最後に、もし今あなたが「もしかして拒食症かも……」と思ったらすぐに病院に行って専門家の下で治療を開始してください。

摂食障害には、摂食制限型や過食嘔吐型またはその混合型などのいくつかの種類があり、治療法も医師によって様々ですので、ご自分に合ったところをしっかり選んでください。

15　ダイエットにチートデイは必要ですか？

結論：チートデイは必要ですが、ストレスを発散する目的で行いチート食にしましょう。

チート（cheat）とは日本語で「だます・逃れる・ズルをする」といった意味ですが、ダイエットの専門用語の1つでチートデイという言葉があります。ダイエットを行う上で1番大切なのは食事のコントロールであり、体をアンダーカロリー（消費カロリーが摂取カロリーを上回るようにする）状態を続けるということです。

普段ストイックな食事やトレーニングをを続けている人が突然やる気をなくしダイエットを諦めてしまう、バーンアウト症候群になってしまう人がいます。そのような状態を防ぐために、心と体の状態を少し緩め、好きな物を食べる日を設けることをチートデイと言います。

10年ほど前、結婚式を控えたクライアントさんがいて、ものすごくダイエットを頑張っていたのに、突然やる気をなくし連絡が取れなくなってしまったことがありました。このようなことを防ぐためにもチートデイが必要だと言われています。

チートデイのメリットを3つ挙げると、次のとおりです。

①代謝が上がる

普段の食事で日々カロリーを抑えていると、徐々に基礎代謝が低下します。基礎代謝が低下すると痩せにくい体質になってしまうので、あえてたくさん食べるチートデイを設けることで、代謝が上がりまた痩せやすくなります。

②ストレスの発散

日々ストイックに食事のコントロールをしていると、自分では気が付いていなくても、ストレスが溜まっていることがあります。チートデイを設けて好きな物を食べたり、いつもよりもたくさん食べたりすることで食に対するストレスを発散できます。これがバーンアウト症候群を防ぐとされています。

③栄養の調整

ダイエットのための食事を続けると、どうしても大幅に不足する栄養素が出てしまいます。チートデイを設けることで、この不足している栄養素を優先的に摂取して、普段の不足分を補えます。このような効果が期待されるチートデイですが、「本当に効果的なの？」という疑問も湧いてきます。例えば、チートデイにより基礎代謝が本当に上がるのか？　また一時的に上がった基礎代謝が本当にダイエットに効果があるのか疑問です。また、不足した栄養素を補う点からしても、一時的に不足した栄養素を摂ることはダイエットにプラスの作用をもたらすかは疑問です。

しかし、私の経験からもストレスの発散に関しては明らかに効果があるといえます。ただチートデイを経験してしまうと、それをきっかけに食事のコントロールがおろそかになる人もいますので、注意が必要です。

チートデイの取り入れ方

①チートデイは体重が減らなくなって5～7日目に行う

チートデイは体重が全く減らなくなって1週間以上経過したら行ってください。

②チートデイではなくチート食にして1食だけ

チートデイは1日かけて好きな物を食べるのではなく、チート食として1日のうちの1食だけ好きな物をお腹いっぱい食べるようにしましょう。

1日かけてダラダラと食べてしまうことで、次の日の食事のコントロールが難しくなる人が多いのです。

③食べる物はそんなに気にしなくてもよいですが、必ずたんぱく質・炭水化物・脂質・野菜・フルーツを入れる

例えば　1．サラダ、焼肉（牛肉や鶏肉）、味噌汁、大盛りごはん、フルーツ、アイス

2．野菜スープ、餃子、ニラレバ炒め、チャーハン、杏仁豆腐、フルーツ

このように脂質が多くカロリーが高めでも、チート食は気にせず食べてください。どんなにお腹がいっぱいまで食べても、その後に食事のコントロールをしたら数日で戻ります。

④チートデイの意味を食欲のストレスを発散することだと考える

チートデイは代謝が上がるとかダイエットには必要な物だとかは考えず、食事のコントロールで我慢したストレスを発散する物だと考えてください。

痩せ体質に戻すとかダイエットには必要なことなどと考えてしまうと、またすぐにでもやりたいと思い、結果として食事のコントロールが疎かになるということが多いので注意が必要です。

16　ジャンクフードはダイエットのときに食べたらだめですか？

結論：ジャンクフードは基本的に食べてはいけません。

ダイエットはしたい、でもジャンクフードも食べたい。こんなジレンマを抱えている人は多いと思います。ご存じの人も多いと思いますが、ジャンクフードとは栄養価のバランスを欠いた調理済みの食品で、高脂質で高カロリーそしてミネラルや食物繊維が少ないのが特徴です。

代表的なジャンクフードと言えば、ハンバーガーやピザなどのファーストフードその他にはスナック菓子や清涼飲料水などです。

結論から言えば、ダイエットをしているときに、ジャンクフードを食べることは決しておすすめしません。ダイエット中の食事で一番大切なことは、カロリーを抑えて脂質や糖質を食べ過ぎないことです。また塩分の摂り過ぎはむくみの原因にもなりますので、食べ過ぎには注意が必要です。そう考えると、やはりジャンクフードはダイエット期間中に食べる物ではないと思います。

ただ、どうしてもジャンクフードが食べたいという人は、どのようにジャンクフードと付き合えばよいかをアドバイスをしたいと思います。

できるだけ低カロリーのメニューを選びましょう。

好きな物を選んで食べていたら、あっという間にカロリーオーバーになってしまいます。例えば、よくあるセットメニューである、ハンバーガーとポテトとシェイクを選んだとします。ポテトとシェイクのSサイズを頼んだとしても、ざっくりの計算で合計５００キロカロリー、ハンバーガーはカロリーが低い物で３００キロカロリー前後で、高い物だと５００キロカロリーを超えます。

つまりファーストフードのセットを食べたら、１日のカロリーを摂ってしまうことになります。ですので、メニュー選びに気を付けましょう。例えばハンバーガーでは、特別な味つけやソースではないハンバーガーやチーズバーガーを選びましょう。できれば、中身が牛肉よりはチキンや魚のハンバーガーがよいです。

ピザを食べたいのであれば、生地を薄い物にしたりチーズは比較的カロリーが低いモッツァレラチーズを使用した物を選んだりすることがおすすめです。また、食べる際は表面の油をキッチンペーパーで拭き取る、サラミやソーセージなどのトッピングをできるだけ抜くなどの工夫をすると、カロリーが多少抑えられます。

ジャンクフードと一緒に多めの葉物野菜を食べる

この葉物野菜をジャンクフードと一緒に食べるのは、野菜の栄養を摂取するとか血糖値の上昇を抑えるなどの目的ではありません。先に野菜をたくさん食べ、腹持ちをよくしてジャンクフードの食べ過ぎにブレーキをかけるためです。

ジャンクフードはできるだけ少ない量で満足することを考える必要がありますので、食べる前にキャベツの千切りやレタスなどをたくさん食べてください。

ジャンクフードを食べた日は、いつもより消費カロリーを増やす

私はダイエット指導を行う際に、ジャンクフードを食べた日には、いつもの何倍もの運動を行い消費カロリーを増やすように指導しています。これは決して食べたジャンクフードのカロリーをすべてチャラにしようとするのではありません。体にアメとムチを染み込ませるためです。

ジャンクフードは、ダイエットにおいては自分へのご褒美――つまりアメを与えたことになりますので、できるだけ早い段階でムチを与える必要があります。それがいつもより少しでも消費カロリーを増やす行動です。

筋トレをいつもの倍行ったり、ジョギングをしてたくさん汗をかいたり、いつもよりもたくさん動くようにしてください。

このような行動をすることで、また食べたいと思ったときに「またたくさん運動しなければいけない」と脳が抑制をかけることに繋がります。

ジャンクフードは美味しいですが、「中毒性があり、食欲をコントロールすることが難しくなる」と言われています。食べるなら、ごくたまにのご褒美にしましょう。

第7章　意外と知らないダイエットＱ＆Ａ（生活習慣編）

1　セルライトがあるのですが、どうしたら消えますか？

結論：セルライトを完全に消すことは難しいですが、現状よりも少しでも改善しひどくならないようにすることは可能です。

セルライトとは、体に溜まった不要な物と脂肪細胞同士が結合して1つの塊になり、肥大化して皮膚の上から見るとボコボコと隆起した状態に見える組織のことです。

このセルライトは男性よりも女性に多く見られて、表面のボコボコがオレンジの皮のように見えるため「オレンジピールスキン」とも呼ばれています。お尻や太ももの裏、お腹などに多く見られますが、腕などにできる人もいます。

このセルライトは基本的に体に対して害があるものではありません。ただ、多くの女性は見た目を気にして、何とか改善したいと思う人が多いです。

セルライトはなぜできるのかというと、遺伝子との関係がある可能性が高いと言われていますが、明確な原因はわかっていないのが現状です。

原因が不明とは言え、傾向として「不規則な生活習慣」「ホルモンバランスの乱れ」「ストレス」などがある人はセルライトが多いとされています。

身体の器官がダメージを受けてできるものなので、細身の人にも蓄積されることがあります。

皆さんがよく勘違いしていることですが、『ダイエットをすること＝セルライトの改善』ではありません。ダイエットをして体脂肪を落とすことは、セルライトを改善させる前提条件となりますので、セルライト改善にはダイエット＋αの努力が必要となります。

ではダイエットをしながら、何をするといいのでしょうか。

痩身エステなどで施術を受ける

セルライトを改善する方法としてまず思いつくのが、痩身エステに通って施術を受けることかもしれません。代表的な施術と言えば、キャビテーションという痩身専用マシンを使った物があり、超音波によりセルライトの細胞を破壊してセルライトを改善するマシンです。

破壊のメカニズムは、体内に気泡を発生させその気泡が弾ける力で脂肪細胞が破壊されます。壊れた脂肪細胞は水などと一緒に血液の中に溶け出します。溶け出した脂質はエネルギーとして使用されれば、セルライトが改善します。

多くのクライアントさんが、痩身エステでセルライト除去の施術を受けていますが、ダイエットと併せて受けた人は一定の効果があります。ただし、体重や体脂肪を減らさずに施術を受けた場合は目立った効果がありません。

エステでセルライトを潰す機械（キャビテーション）などを頻繁にやり過ぎると、肝臓や胃腸に負担をかけてしまったり、血中の中性脂肪が一時的に増加したりするなどの副作用もあります。

マッサージをする

自宅でまたはサロンでマッサージをすることも、セルライトを改善するには効果があります。セルライトを潰すように強めのマッサージを定期的に行うことで、セルライトの組織が破壊されて脂質を血液中に流すことができますので、正しくマッサージをすればセルライト改善にも効果があると思います。注意点としては、強くマッサージをし過ぎて内出血してしまったり痛みが強く出たりしてしまうこともあります。

以前セルライトに悩むクライアントさんで、強いマッサージを毎日やり過ぎた結果、下半身があざだらけになった人がいます。あざだらけになってまで行うほど効果がないので、程よく頑張ってほしいと思います。

エステで施術を受けたりマッサージをしたりすることはセルライトを改善するには効果がありますが、これらにより起こる現象は脂質を血中の中に入れることであり、そこでエネルギーとして脂質を使うことがなければ、セルライトは改善されません。

2　ダイエットと睡眠には深い関係があるって本当ですか？

結論：正しい睡眠をすると、食欲を抑えるホルモンが分泌されます。

ダイエットを成功させる秘訣として生活習慣を見直すことは、大切なことの1つです。その中でも大切なことは「睡眠」です。「ダイエットと睡眠に何の関係があるの？」と思うかもしれませんが、実は物凄く関係が深いのです。

その関係とは、体内から分泌されるホルモンとの関係です。成長ホルモンというホルモンを聞いたことはありますか？　文字通り体の成長を促すホルモンであり、赤ちゃんや成長期の子どもには多量の成長ホルモンが分泌されます。しかし、実は子どもだけではなく、大人でも成長ホルモンは分泌され、体に様々な影響を与えています。

成長ホルモンは、代謝をコントロールするものなので、睡眠不足になると分泌量が減ってしまいます。また健康や美容などにも大きな影響を及ぼし、傷ついた細胞の修復や再生を行うため、睡眠不足によってお肌にも影響が出てしまいます。

あるクライアントさんに「たくさん睡眠を取ることはダイエットに効果的なんですよ」と話をした際、「起きているほうがカロリーをたくさん消費するから、短い睡眠時間のほうがよいのではないですか？」と質問をいただいたことがあります。

イメージとして何となく理解できるのですが、実は真逆なのです。睡眠中にはレプチンというホルモンが分泌されます。レプチンは食欲を抑える作用があります。睡眠不足でレプチンが低下すると、暴飲暴食を抑えることが難しくなります。また、寝不足の状態では、食欲を高めるグレリンという食欲増大ホルモンが分泌されてしまうのです。

このようなことから、「睡眠は十分に取ることがダイエットにおいて近道になる」ということが言えます。

ではダイエットに効果的な睡眠を取るポイントについて紹介します。

睡眠ホルモンであるメラトニンを分泌させる

よい睡眠をするには、体に睡眠を取りたいと思わせるように、睡眠スイッチを入れなければなりません。その睡眠スイッチとはメラトニンと呼ばれるホルモンのことです。眠気を感じたり睡眠の導入に必要なホルモンです。

メラトニンは生活習慣の改善で分泌させることができます。その中でも意識してもらいたいことは、しっかりと朝日を浴びることです。睡眠の15時間前後前ぐらいに朝日を浴びることでメラトニンの分泌量が増加します。

ですので、23時に眠りたいと思ったら、その15〜16時間前である午前7時前後に朝日を浴びることでメラトニンが分泌されやすい体になります。不規則な睡眠サイクルでは、メラトニンの分泌量が低下してしまいます。

睡眠時間の確保

睡眠には、深い眠りのノンレム睡眠と浅い眠りのレム睡眠の2種類があり、約90分のサイクルで繰り返しています。

もちろん、この睡眠のサイクルは個人差があり、日々の生活やストレス、飲酒などの要因で乱れてしまうことはあります。

もしあなたが適切な睡眠サイクルであれば、レム睡眠とノンレム睡眠のサイクルを最低2サイクルの6時間以上は睡眠を取ってください。７時間半～8時間の睡眠時間がダイエットには効果的というデータもありますが、日々忙しく生活している人には現実的ではないので、6時間以上は寝る意識を持ってください。

私の経験上、６時間以上睡眠を取っている人と5時間以下の人では、ダイエット効果に明らかな差があると思います。

睡眠の質の向上

睡眠時間をしっかり確保していても、朝起きたときに眠った気がしなかったり、体にダルさを感じたりする人もいます。それは睡眠の質が悪く、睡眠はしているものの、睡眠の効果を得られていない可能性があります。

では、どのようにしたら睡眠の質が高められるのでしょうか。それには、睡眠前の体温の変化が重要となります。できれば、睡眠の2時間程前に38～40度ぐらいのぬるま湯にゆっくり浸かりましょう。そのことで体の深部の温度が上がります。お風呂から出ると、段々と手や足から熱が放出されていきます。そして徐々に深部の温度が低下します。そのタイミングで眠気が起きると言われています。

ダイエットと睡眠には深い関係があり、睡眠を味方に付けることはダイエットを成功させる上で大切なことだと思ってください。

3　ダイエットをして、むくみ体質を解消する方法はありますか？

結論：ダイエットをして体脂肪を減らせばむくみも減りますが、それだけでは不十分です

体のむくみとは何で、ダイエットとどのような関係があるのでしょうか？

年齢にもよりますが、人の体は約60％が水分であり、そのうち約40％が細胞の中に入っている水分（細胞内液）で約20％が細胞の外にある水分（細胞外液）です。このうちむくみの原因となるのが細胞外液です。通常この細胞外液は血液と細胞間液（細胞同士の間にある水分）の2つでできています。これらは必要に応じて水分量の調整を行うのですが、このバランス調整が正常に働かなくなるとむくみが発生します。

なぜこのバランス調整ができなくなるのかというと、血液の循環が悪くなっているからです。ふくらはぎのむくみに悩む人が多いですが、それは脚が心臓より下にあるため、重力の影響で血液が心臓に戻りにくいからです。

通常はふくらはぎの筋肉の力（筋ポンプ作用）で心臓に戻します。ところが、ふくらはぎの筋肉を動かさなかったり、ふくらはぎの筋肉の力が弱かったりすると、足に水分が溜まってしまうのです。

その他にも、塩分を摂り過ぎてしまうと、体内の塩分濃度を一定に保つために水分を溜め込みます。また、ガードルなどきつい下着を付けることにより、筋肉の動きが制限されてしまい、むくんでしまうこともあります。

むくみがひどい人は「もしかして病気なのでは？」と心配になる人もいると思います。しかし、むくみのほとんどは病的なものではなく、水分調整の過程で起こる現象であり、心配することはありません。

朝、顔がむくんでいるけど時間が経つにつれて戻るときや、夕方になるとふくらはぎのむくみがひどくなるなど、１日の中でコンディションが変動する場合は、体質や生活習慣からのむくみの可能性があります。

もし片足だけむくんだり、強い痛みを伴うむくみであれば、病気のサインの可能性があるので、病院へ受診をしてもよいかもしれません。

次にむくみに対する誤解を話したいと思います。

お酒を飲むと、むくみやすくなる

お酒を飲むと、むくむと聞いたことがあると思います。

しかし、それは間違いであり、お酒でむくみが出る可能性は低いのです。

それはなぜか？　アルコールは利尿作用があり、水分を体外に排出する働きがあります。ですので、むしろ体内の水分は減る可能性が高いのです。

ではなぜお酒を飲むとむくみが出るのでしょうか。それは、つまみに塩分の多い物を食べることが多いからです。お酒を飲んですぐに寝ると抗利尿ホルモンが分泌され、体内水分を溜め込むこともありますが、お酒を我慢してもむくみが解消されることはありません。

水分をたくさん摂ると、むくんでしまう

「むくみの原因は水分だから、水を飲むのを減らしたら解消できるかもしれない」と考える人もいると思います。しかし、水分の摂取量とむくみはあまり関係がありません。なぜなら人の体には体内の水分を一定に保つ働きがあり、少ないと感じたら喉の渇きを感じて、水分摂取をさせようとします。逆に多い場合には尿として排泄します。このように、むくみは水分摂取の問題ではなく血液循環の不良ですので、そこを改善しなければいけません。

では次にダイエットとむくみの関係について見てみましょう。

「ダイエットをすることで、むくみの解消につながるのか？」という問題ですが、むくみに悩んでいる人が体重の10％以上を減らす大幅なダイエットを行った場合は、目に見えてむくみの解消が見られます。

なぜなら、体内の余分な水分は皮下脂肪の間に溜まる性質があるため、皮下脂肪が多い人ほどむ

くみやすいのです。ダイエットをして皮下脂肪を減らすことは、むくみの解消に繋がります。

食事のコントロールをする際に気を付けなければいけないのは、ミネラルの1つであるカリウムを制限しすぎないことです。カリウムの不足により、ナトリウムが排泄できなくなります。そうなると、逆にむくみがひどくなってしまうということがあります。

また、筋トレをしないダイエットを行うと、ふくらはぎの筋肉が細くなりポンプ作用が弱まります。それにより、むくみがひどくなってしまうこともあるのです。ダイエットをしていて、むくみも解消したいと思う人は、通常のダイエットに加えてむくみに対しての対策を練る必要があります。

むくみ対策としておすすめは4つ

①食事のメニューにほうれん草やバナナ、アボカドなどカリウムを豊富に含む食品を選びましょう。

②塩分を抑えるような工夫をしましょう。

例えば酢などで酸味を強めにしたり、出汁を使って味を付けたりすることがおすすめです。

③体が冷えてしまうと、血液循環が悪くなるので、冷えを避けるような工夫をしましょう。冬の服装はもちろん、夏でも1枚上着を着たり、冷えると感じたときには靴下や手袋を身に着けたり、防寒対策をしてください。

④お風呂の中でふくらはぎの筋肉を手で揉むマッサージやつま先立ちを繰り返す運動などを定期的に行うこともむくみ対策になります。

4　ダイエットするなら、どんなジムに入会するべきですか？

結論：色々な形態のジムがあるので、自分の目的やライフサイクルに合わせて決めてください。

ここ数年空前のフィットネスブームにより、全国で６０００を超えるスポーツジムが乱立しています。以前は、トレーニングをするスペースとスタジオやプールなど総合フィットネスクラブが中心でしたが、現在はトレーニングスペースのみの24時間営業や高齢者を対象とした小規模ジム、パーソナルトレーニング専門のジムなど様々な種類が存在しています。

これだけ色々な形態の施設があると、どこに入会したらよいのか迷ってしまうと思いますので、それぞれの特徴を挙げてみます。

総合フィットネスクラブ

日本に昔からある形のスポーツジムです。総合フィットネスクラブとは、トレーニングだけではなくスタジオプログラムやプールやお風呂に入ることができたり、エステやマッサージサロンなどが併設されたりしているところもあります。ゆっくりとした時間を過ごせて、１か所で様々なことが行えるのが特徴です。

また、スタッフ教育がしっかりしているところが多く、ホスピタリティという面から見ると一番かもしれません。ただ、他の形態の施設と比べて会費が高く、トレーニングを教える専門家が少ないという面もあります。入会はしたもののマシンやダンベルの使い方だけを教えてもらっただけで、後は何のサポートもなかったという人が多いようです。

おすすめの人

・トレーニングだけではなく、ゆっくりとした時間を過ごしたい
・お客様への対応がしっかりしたところに行きたい
・トレーニングした後お風呂に入りたい
・エアロビやヨガなどのスタジオプログラムをやりたい

おすすめしない人

・ダイエットや体質改善など明確な目標があり、目標達成が最優先である人
・自分に合ったトレーニングプログラムを組んでほしい
・ダイエットや健康や美容などの疑問に専門的なアドバイスがほしい

サーキットトレーニングを中心とした小規模ジム

比較的高い年齢層の女性をターゲットとした、小規模のフィットネスジムです。軽めの筋トレを行い、インターバルに簡単な運動を行い、また次の筋トレを行う。このようにマニュアル化されたジムです。料金が比較的安く、アットホームな雰囲気の場所が多いのが特徴です。

ただし、トレーニングの内容は完全にマニュアル化されていますので、個々の目的や希望に合ったトレーニングはできません。また、入会するときは簡単な手続でできますが、退会をするときにはかなり強引な引き止めにあったり、複雑な手続が必要だったりするところもあるようです。

おすすめの人

・複雑なトレーニングより手軽で誰でもやれることをしたい
・スタッフや他の利用者さん達と一緒に仲良く体を動かしたい
・比較的安い料金で体を動かす習慣を付けたい

おすすめしない人

・みんなと一緒に同じことを繰り返すのが苦手な人
・目標が達成できたら退会しようと思っている人
・トレーニング以外のサービスを受けたい人

トレーニングエリアのみの24時間営業スポーツジム

ここ数年の間で1番数が増えているのが、この形態のスポーツクラブです。トレーニング用のマシンとダンベルやバーベルを使うエリアそして有酸素運動を行うエリアのみでプールやスタジオなどはありません。

特徴としては、多くのジムが24時間年中無休でスタッフのいる時間帯といない時間があります。

会費が比較的安いため年齢層としては比較的年齢は低い層（20～30代）の利用者が多く、入会も退会も簡単に行えるために、短期間だけ入会したり新しいジムができたりすればそこに流れるなど、入れ替わりが激しいジムが多いです。

時間帯を気にせずにいつでも行けるメリットがある一方、スタッフがいない時間帯があるなど安全面や接客の面から見ると他の施設より劣ります。

おすすめの人

・ある程度トレーニング経験があり、器具の使い方やトレーニングのやり方を知っている人
・深夜の時間帯などにトレーニングをしたい人
・接客などは望まないから安い価格でトレーニングをしたい人

おすすめしない人

・トレーニングの初心者
・安全性や衛生面が気になる人
・スタジオプログラムをしたい、補助などのサポートをしてほしい人

パーソナルトレーニングジム

このパーソナルトレーニングジムも年々施設の数が増加しています。施設の特徴としては、本当に簡易的なトレーニング設備しか置いてないところから、本格的なマシンやバーベルが置いてある

ジムなど幅広く、そこで1対1でトレーニングの指導を受けられます。

個々の目的に合わせてトレーニングプログラムを組んでくれたり、食事やサプリメントのアドバイスをしてもらえたりするなど手厚いサポートをしてくれます。

ただし、まだまだ新しい業界のためにパーソナルトレーナーのレベルに差がある点や料金が他の施設に比べて高いことから、誰でも気軽に入会できるわけではないと思います。

目標を達成するために、ある程度の時間とお金に投資ができる人にはおすすめですが、費用対効果を考えてからの入会が賢明です。

おすすめの人

・自分の目標やゴールが明確にあり、やり切る覚悟がある人
・トレーナーと1対1で集中してトレーニングしたい人
・自分を変えるにはある程度の時間とお金をかける必要があると思う人

おすすめしない人

・できるだけ安い料金でトレーニングをしたい人
・誰かに見られながらトレーニングするのが苦手な人
・食事やトレーニングのやり方など、自分なりに工夫して進めていきたい人

現在日本では大きく分けて、このような施設があります。どこがよいと言われたら、私自身パーソナルトレーナーであり、ジムを経営している立場ではパーソナルトレーニングジムとなります。

しかし、すべての施設でメリットとデメリットがあるために、ご自分の目的や性格そしてライフスタイルに合わせて決めていただきたいと思います。

5　年々少しずつ太っていくのですが、なぜですか？

結論：身体的と精神的の2つの要因があります。

食生活や運動習慣を変えていないのに、年々少しずつ体重が増えていき、体型も崩れていく人がいます。この加齢による体重の肥満は男女共通、女性の場合はお尻や太ももなど下半身に脂肪が付いてくる人が多く、男性の場合はお腹回りに脂肪が付く人が多いです。

そもそも「なぜ40代を過ぎると、徐々に体重が増えていくのか？」「もし本当なら何が原因なのか？」「加齢による体重や脂肪の増加を予防する方法は？」についてお答えします。

なぜ加齢による体重や体脂肪の増加が起こるのかというと、一番の原因として考えられるのは、基礎代謝量の低下です。「基礎代謝の低下＝太りやすさ」と言えます。

どのぐらい低下するのかと言うと、例えば体重が60キロの女性の場合、20代の時の基礎代謝量は1日当たり１３００カロリー前後です。それが50代になると１２００カロリーを下回ってしまいます。これもあくまで平均であり低下率がもっと大きくなることもあります。

たったマイナス１００カロリーだけと思うかもしれませんが、毎日の蓄積ですので加齢による基礎代謝量の低下は肥満に大きな影響を与えます。

基礎代謝量が落ちているサインとしては、次のようなものがあります。

・朝起きたときの体温が35度台
・以前よりも汗をかかなくなった
・年中手足が冷たく冷えを感じる
・血圧が低いと言われる

もし当てはまるものが1つでもあれば、基礎代謝が落ちている可能性があり、太りやすくなっています。

加齢による肥満でお悩みの人は「食べる量は変わってないのに」と思っている人が多いのです。これは自分の中の感覚の問題なので、実際には摂取カロリーが増えていることも多いです。20代に比べて30～40代になると収入も上がり食費にかける金額が増え、お酒を飲む習慣がつく人も増えます。そのような環境の変化から、気づかないうちにオーバーカロリーになっていることもあります。

運動に関しても、年齢と共に仕事や子育てなどで忙しくなる人が多く、定期的な運動をする人は減ります。このライフスタイルの変化が加齢による肥満に拍車をかけます。

年々体重が増加する原因の中で、影響が大きいのが自律神経の乱れです。自律神経とは体と心のオンとオフを切り替えるスイッチの役割をしています。元気いっぱいに活動しているときに働く交感神経とリラックスしているときに働く副交感神経があります。自律神経が正常に機能するとお昼の活動時間には交感神経が優位になり、夜は副交感神経が優位になります。この自律神経が乱れると不眠や便秘や体のだるさが出ます。精神的にはうつなどの可能性が高くなります。

体重の増加や体型の崩れとは関係ないと思うかもしれません。しかし、自律神経の乱れから、満腹中枢が機能せず食べ過ぎてしまったり、慢性的な疲労感から体を動かすことができずに脂肪が蓄積してしまったりすることもあります。

また、科学的な根拠はありませんが、経験上「きれいな女性でいたい」「かっこいい男性でいたい」という意識の欠如も加齢による肥満の大きな要因となっています。人は30代を超えたあたりから、見た目にも少しずつ「老化」という変化を感じてきます。

そのときに「まだまだキレイでいたい」「素敵な大人の女性になるぞ！」という意識を持つのか、「もうダメだ諦めよう」と思うのかによって、かなり大きな差になってきます。

このように、加齢による肥満に関しては、身体的な変化と精神的な変化の2つの要因が重なって起きます。

基礎代謝量の低下は、どんなに頑張っても50代の人であれば、20代の人よりも高くなることはありません。ですので、身体的な変化は、毎日体重の測定をして増えていないかチェックしましょう。体型が崩れていないか、毎日の鏡チェックも行ってください。

おすすめなのは、自分が信頼している友達またはパートナーに「最近太ってきたり体型崩れてない？」と聞いてみてください。その相手はお世辞ではなく、本当のことを言ってくれる人を選んでください。毎日のように聞かれても、相手が困るので頻度は考えて聞きましょう！

精神的な部分から来る老化の対策

精神的な部分から来る老化は意識を変えるだけで今すぐ予防ができます。

おすすめしたいことは次の4つです。

①背筋を伸ばして胸を張り、よい姿勢を意識しましょう
②常に人に見られている意識で過ごしましょう
③普段着ないようなおしゃれな服や下着を身に付けましょう
④「素敵な女性になる」「かっこいい男性になる」と理想の自分をイメージしてください。

人は年齢による体の老化を止めることはできませんが、心の持ちようで加齢による肥満を防ぐことができます。ダイエットや肉体改造を望む人の中でもっとも効果が出る人の共通点は、「美しいと思われたい」「かっこいいと言われたい」「異性にモテたい」などの意識が高い人です。

6　ダイエットをすると、肌のコンディションが悪くなると聞いたのですが？

結論：肌の強さには個人差があり、弱い人は肌にダメージを与えてしまう可能性があります。

ダイエットの目的は、美しくなること理想の自分になることで、体重を落とすことでも体脂肪を

落とすことでもありません。ダイエットをして別人のように美しくなる人がいる一方、美しくなったように感じない印象を受ける人もいます。

その違いの1つに、ダイエット前後の肌のコンディションがあります。正しいダイエットをすると、体型が変化するだけではなく肌のコンデションがよくなり、ハリが出てくすみがなくなり肌年齢が若返ります。

間違ったダイエットを行うと、肌のコンディションが悪くなり、肌荒れやニキビ、そして肌のトーンが下がり透明感が失われる人もいます。

ダイエットをスタートする前に自分の肌を強さをチェックしてみましょう。

肌の強さチェック

①化粧品でかぶれたことがある
②直接太陽の光に当たると肌が赤くなりヒリヒリ痛い
③あせもができやすくかゆくなる
④木や草などの自然の物でかぶれたことがある
⑤アレルギー体質である
⑥傷の治りが遅く傷跡が残りやすい
⑦背中にシミやそばかすがある

この中でいくつ当てはまりましたか？　もし1つも当てはまらない人の場合は肌がとても強いタイプですので、肌のことを気にしながらダイエットする必要はありません。

3つ以上当てはまる人の場合は、肌が弱いタイプです。しっかりと肌のコンディションを注視しながらダイエットを進めていく必要があります。

間違えったダイエットが起こす肌の変化

では、間違ったダイエットをすることで、肌にどんな現象が現れるのでしょうか。

間違ったダイエットの一番の原因はスピード違反です。ダイエットはどのぐらいのスピードで体重や体脂肪を落とすのかが大切です。もちろん、適正なスピードは生まれつきの肌の強さやダイエットのやり方などによって違ってきます。もし自分に合ってないスピードでダイエットを進めていると、体にサインが現れます。

そのサインとは、次の3つです。

①首に小さな縦シワができる

間違ったダイエットをすると、今まで全くなかったのに、首に小さな縦シワができてくる人がいます。この縦シワはダイエットのスピード違反の代表的なサインだと考えてください。

肌の強さに自信がない人は、毎日首元をチェックして小さな縦シワを探してください。

②ほうれい線や目じりのシワなど体の特徴が際立ってくる

ほうれい線や目じりのシワなど元々ある物がより深くなったと感じたら、よりダイエットのスピード違反が進んでいる証拠です。首の縦シワは意識しないと発見できないですが、ほうれい線や目じりのシワが目立ち始めると、肌のコンディションが悪いと気づく人が多いです。

この場合は、すぐに一旦ダイエットを中断しなければなりません。肌のコンディションが落ち着くまで、２～３週間は体重を減らさないようにしましょう。

③肌のトーンが下がりくすみが出て頬の筋肉が落ちる

これは即ダイエット中止のサインです。ほうれい線や目じりのシワが少し目立つぐらいの状態では一定期間ダイエットを中断することで回復する人が多いです。

しかし、肌の質感がザラついたり、顔の色が黒ずんできたり、頬やあごの筋肉が落ちやつれた印象になったら、すぐにダイエットを止めなければなりません。

この状態は体に負荷がかかり過ぎているのはもちろん、ストレスホルモンであるコルチゾールが多量に分泌されていることが予想されます。たとえ一時的に体重や体脂肪が落ちても、すぐにリバウンドする可能性が高いです。

ダイエットを行う上で肌のコンディションは非常に大切なのですが、どのぐらいの負荷で肌に影響が出てしまうのかは、個人差が大きすぎるために１つの指針をお話できないのが現状です。

以前、１か月間で体重の３％を落とす比較的ゆっくりのダイエットをした人が、首の縦シワができたこともあります。同じ1か月間で体重を15％減らしたダイエットをした人でも肌のコンディションが悪くなるどころか、ハリが出て透明感が強くなった人もいるのです。

まずはご自分の肌の強さをチェックして、弱いと感じた人は毎日肌のコンディションを見ながらダイエットを進めてください。

7 パーソナルトレーナーを頼みたいのですが、どんな人がよいですか？

結論：ご自分に合ったパーソナルトレーナーを選ぶためにしっかりと調べましょう

今はパーソナルトレーナーの存在が、比較的知られるようになってきましたので、指導を受けたことがあるという人は多いかもしれません。

ただ、パーソナルトレーナーにお願いしたいけど、どうしたらよいかわからない。そんな人のためにパーソナルトレーナーとはどんな人たちで、何をやってくれるのか？　そしてどんなパーソナルトレーナーを選べばよいのか？　などお話したいと思います。

パーソナルトレーナーとは、健康増進やスポーツパフォーマンスの向上、ダイエットなどの美容を目的とする、個人に対して指導を行う専門家です。

指導の内容は、個人や所属するジムによって違いがありますが、大きく分けると、次の3つが主なサービスの内容となります。

①個人にあったトレーニングプログラムの作成
②プログラムに沿ったトレーニング指導
③体に関するアドバイスや悩み相談

その他にも食事の指導であったり整体などを行ったりするトレーナーもいます。

パーソナルトレーナーの指導を受けたい場合は、どのようにしたらよいかというと、大きく分けて３つあります。

①フィットネスジムなどに所属しているトレーナーにお願いする。

フィットネスクラブに入会している人が、プラスで料金を支払うことで、パーソナルトレーナーの指導が受けられます。

②パーソナルトレーニング専門のトレーナーにお願いする。

今は人口の多い都心部だけでなく、比較的人口の少ない地方でもパーソナルトレーニングジムがあります。

③フリーのパーソナルトレーナーにお願いする。

ジムに所属しないフリーのトレーナーがたくさんいます。ＳＮＳやホームページなどで情報発信やクライアント募集をしていることが多いのでチェックしてみましょう。

パーソナルトレーニングを受けたいと思う人なら、どんなトレーナーに頼めばよいかという点が一番気になると思います。せっかくお金を支払い、時間を割いてパーソナルトレーニングを受けるなら失敗したくないはずです。

パーソナルトレーナーは国家資格などではありませんので、極端な話をすると誰でもなれてしまいます。フィットネスブームもあって、現在は知識も経験も乏しい自称パーソナルトレーナーがたくさんいます。

パーソナルトレーナー選びに間違いがないように、次のことをしっかり見て判断しましょう。

パーソナルトレーナー選びポイント①得意分野や専門分野がはっきりしている

『ダイエットも健康の維持もスポーツパフォーマンスの向上もアンチエイジングも姿勢改善も何でもできます』――こんなトレーナーを見たら「何にもできないトレーナーなんだな」と思ってください。パーソナルトレーナーも1つの分野の専門家になるためには、たくさんの時間と経験が必要です。色々できるトレーナーは専門分野がないということになります。

もしダイエットをしたいならダイエット専門、スポーツのパフォーマンスを高めたいならその専門パーソナルトレーナーを探してみてください。

パーソナルトレーナー選びポイント②過去の経歴や取得資格など

パーソナルトレーナーは経験がものを言う仕事です。ですので過去にパーソナルトレーナー歴がどれくらいあり、何人ぐらいのクライアントを指導したかは必ずチェックしてください。

よく芸能人やプロスポーツ選手の指導経験をウリにするトレーナーがいますが、それは単なるひとりのクライアントの経験であり、何の価値もありません。取得している資格に関しても、最低限トレーナーの資格は有している人を選びましょう。

できれば、美容や健康に関する資格を、他に1つは取得しているトレーナーをおすすめします。

パーソナルトレーナー選びポイント③メソッドがしっかりしている

パーソナルトレーニングを指導する際に、すべての人に対して100点の指導は存在しません。ですので、パーソナルトレーナー自身が自分なりの方法論であるメソッドを確立して、それをしっかり発信できる人を選びましょう。

パーソナルトレーナー選びポイント④トレーナー自身の筋トレ歴や競技歴などは参考にしない

筋トレ歴何年で、競技の成績がどのぐらいなどトレーナー自身の体を露出したり、競技歴をアピールしたりするトレーナーがいますが、それも参考にしなくて大丈夫です。

なぜならパーソナルトレーナーは鍛えるプロではなく、クライアントさんの体を変えるプロでなければならないからです。

全くトレーニング経験がない人は論外ですが、自分の体や成績ばかり表に出すのではなく、どんなメソッドでそんな指導経験があるかをアピールしているトレーナーを選んでください。

パーソナルトレーナーに依頼をするというのは、自分の目標に向かって一緒に伴走してくれるパートナーを選ぶことになります。しっかりと吟味して選んでください。

8　日々の生活でダイエットのための運動を行いたいのですが、何がおすすめですか？

結論：すきま時間や日常生活の動きを使ったトレーニングがおすすめです。

ダイエットを本気で行うならトレーニングは欠かせないものです。しっかりと毎日時間を取り体を動かすことができるのが一番ですが、仕事に子育てに忙しくジムに通えない、トレーニングする時間がないという人も多いと思います。

だからと言って、ダイエットを諦めてしまうのはもったいないことです。もちろんジムでトレーニングをすることに比べたら効果は劣りますが、日常生活の動きやすきま時間を使ってトレーニングをすることもできます。

1日の消費カロリーのうち約30％が日常の生活動作で消費されるエネルギーと言われています。意外と多いと感じませんか？　この日常動作を工夫し、消費カロリーを増やすことでダイエットに繋げることができます。

ここでは、すきまトレーニングでダイエットに成功したYさんのトレーニングスケジュールをお伝えします。

・Ｙさんのプロフィール

37才　女性　身長１６２㎝ 体重63㎏　会社員（デスクワーク中心）　電車通勤

スポーツ歴は特になし　何度もダイエットにチャレンジして挫折する

・ダイエットの目的

２か月後に親友の結婚式への出席が決まり、その時まで今よりも美しい自分になりたいと思いダイエットを決意。体重はマイナス５㎏が目標。食事のコントロールはしっかり頑張れるけど、仕事が忙しいため、定期的にジムに通ったり時間を取ってトレーニングをすることができない。太ももとお腹と二の腕の脂肪を少しでも取りたい。

Ｙさんのダイエットは、２か月間の短期間のダイエットで、体重の目標もマイナス10％以下であったこともあり、食事のコントロールを中心に行いました。トレーニングは日々の生活のすきま時間に取り入れるという方法で行いました。

具体的な１日のスケジュールとすきまトレーニングは次のとおりです。

Ｙさんのすきまトレーニング

①起床後すぐ

朝起きてすぐ、仰向けのままヒップリフトをゆっくり20回行います。ヒップリフトが終わったら、そのまま両足の裏を付けて、体を丸めて腹筋のためのクランチを20回行います（所要時間約1分半）。

②歯磨き中

朝食を食べて歯磨きをしている間はずっと、かかとを付けて内ももに力を入れ続ける内転筋トレーニングを行います。脚をまっすぐにした状態で力を入れるパターンと膝を少し曲げて力を入れる2パターンで行います（所要時間約3分）。

③自宅から会社までの通勤

駅から会社までの通勤時の往復は早歩きをします。背筋を伸ばし歩幅を大きくしてスピードを意識して歩きます。電車の中では必ず立って過ごします。つり革を使わないか掴んでも軽く添える程度にして、リズムよくかかと上げを繰り返します。出勤時は膝を伸ばした状態、帰宅時は膝を少し曲げてかかとを上げます。

④トイレに入ったら

トイレに入ったら必ずスクワットを20回行います。Yさんの場合は洗面台の前で人目を気にしながらしていましたが、人目が気になる人は個室の中で行いましょう（所要時間約1分）。

⑤午前中に座って仕事をしているとき

午前中にパソコンなど座って仕事をしているときには、常にお腹を力を入れて過ごすようにします。椅子の背もたれに体を預けてリラックスするのではなく、できるだけ背もたれを使わないように意識して常にお腹に力を入れます。

⑥お昼ご飯を食べた後

お昼ご飯を食べた後、午後の仕事までの間に壁に向かっての腕立て伏せを20回2セット行います（所要時間約2分）。

⑦午後のデスクワーク

午前中のデスクワークはお腹に力を入れることを意識して、午後は片足をまっすぐ伸ばして太ももに力を10秒間入れることを左右繰り返しましょう。また合間に肩を回して肩甲骨を動かします。

⑧お風呂の中で

湯船の中では体を左右にゆっくりひねりながら浸かってください。体を洗うときにも体をひねりながら、反対側の部位を洗うような動作をたくさんしましょう。

⑨就寝前のベッドで

１日の最後はベッドで胸の前で両手を合わせて力を入れる胸のトレーニングと、打つ伏せになり両手と両足思いっきり伸ばして反り返るスーパーマンエクササイズを共に10秒間2セット行います（所要時間約2分）。

このようにすきま時間を使ったトレーニングをYさんは2か月間続けた結果、体重がマイナス7kgウエストが９㎝も落ちました。ここまでの結果になったのは、Yさんが厳しい食事のコントロールを続け、すきま時間のトレーニングを続けた結果です。

すべての人が同じような結果になるとは限りませんが、すきま時間を見つけてトレーニングをすることでダイエットが可能になります。

9　ダイエットに適した季節はありますか？

結論：それぞれの季節にはよい面と悪い面があります。ご自身の季節の体調の変化と相談しながら決めましょう。

それぞれの季節には、ダイエットを行うのに有利になる要素と不利になる要素があります。それぞれの季節の特徴をお伝えしますので、ご自分がベストな状態でダイエットができる季節を選び、チャレンジしてみてください。

春にダイエットを始める人

日本において春は新年度になり、新たなスタートの季節になります。新たにダイエットにチャレンジするには適した季節だと言えます。

冬の寒さから徐々に暖かくなりますので、トレーニングや外でウォーキングなどもしやすいです。ただ、春にダイエットをする場合には注意しなければならないことがあります。それは1年間で寒暖差が一番大きく、自律神経が乱れやすい季節だということです。

ダイエットは定期的にトレーニングをしたり、食事のコントロールを行うなど比較的ストレスがかかりやすい環境になります。ダイエットのストレスがきっかけで自律神経が乱れ、様々な症状が出てしまうこともあります。

また春は花粉症の季節です。アレルギー体質の人の場合、体調を崩しやすくなったり、集中力が続かなくトレーニング中に怪我をしてしまったりすることも考えられます。

もし春に本気でダイエットするなら、花粉症がひどくない人、更年期などでなく自律神経が安定している人、ダイエット期間中に転勤や引っ越しなど新しく環境の変化がない人です。

夏にダイエットを始める人

夏と言えばたくさん汗をかきますし、新陳代謝もよくなっているからダイエットには適した季節だと感じますよね。実は体の機能で考えると、夏はダイエットしにくい季節なのです。

冬は気温が低く体は低体温になってしまわないように代謝を高めて体温を一定に保つ働きがあります。夏は低体温の心配がなく、体温を一定に保ちやすいため、代謝が落ちる状態になるのです。

このように夏にダイエットを頑張ったら、比較的に楽にダイエットをできるのではないかと思って始めても、なかなかイメージ通りに進まないこともあります。また外の高い気温と室内の冷房で体調を崩しやすく、ダイエットをしようと決心しても、途中で挫折してしまう人が多い季節と言えます。

そんなダイエットには向かないとされる夏ですが、夏場にダイエットをして成功した人は他の季節に比べてリバウンドをする率が低い傾向があります。

夏に本気でダイエットをするなら、暑さが好きで夏バテしない人、代謝が低い環境でも厳しいダイエットが継続できる人です。

秋にダイエットを始める人

秋と言えば「食欲の秋」ということで、秋にダイエットをするイメージがない人も多いと思います。

秋になると体は、冬を無事に乗り切るために多くのエネルギーを蓄えます。また、夏に疲弊してしまった身体を回復させようと栄養の吸収率が高くなります。そして、日照時間が徐々に減少していくので、食欲をコントロールするセロトニンが減少します。そのため食欲が増しダイエットの足を引っ張りやすくなります。

このようなことから、秋は太ると思ってしまうかもしれませんが、実は秋にダイエットをすることは効果的なのです。

冬に比べたら基礎代謝は低くなりますが、夏よりは高くなります。何よりも、気候がよく、体を動かしやすい季節です。

この代謝と運動のしやすさと言うバランスが一番よい季節だと思います。秋に本気でダイエットをするなら、秋の花粉症がひどくない人、秋に食欲があまり増えない人です。

冬にダイエットを始める人

先ほどにもお伝えしたとおり、冬は体温を維持しようと代謝を高める季節です。その点を考えると、冬にダイエットをすることが最も効果的だと言えます。

ただし冬のダイエットには最大の欠点が２つあります。１つは寒いと体を動かす気力がなくなりトレーニングを継続できない可能性が高いこと、２つ目はクリスマスやお正月などのイベントが多く誘惑が多いために、食事のコントロールがおろそかになりやすいことです。

この２つの理由で、冬のダイエットは失敗する人も多いのです。体の機能では効果が出やすい冬ですが、怠け心や誘惑に負けないメンタルの強さが必要になります。冬に本気でダイエットをするなら、目標とゴールまでの期限が明確な人、冬に風邪やインフルエンザになりにくい人です。

季節に関係なくダイエットは心も体も常に一定のモチベーションで淡々と行うことが、最も大切であり効果が最大になります。冬に関してはインフルエンザや風邪の流行などのリスクが他の季節に比べて高く、インフルエンザや風邪になってしまうと、１週間ぐらいはダイエットのための食事やトレーニングをお休みしなければなりません。

長期のマイペースダイエットなら影響はありませんが、短期集中のダイエットにおいては、この期間のロスが大きな痛手となりますので、冬に体調を崩しやすい人は、他の季節を選んでダイエットを行うことも検討してください。皆さんそれぞれに好きな季節や嫌いな季節があると思いますので、できるだけ好きな季節でスタートしましょう。

あとがき

本書では、多く人が誤解しているダイエットに対する勘違いを、理論と経験に基づき紹介しました。たくさんのトレーニング種目を紹介しましたが、1つでも2つでもチャレンジしていただけましたでしょうか？

すべての第一歩は、ダイエットをしよう！　美しくなって理想の自分に近づきたい！と少しでも何かを始めてみようとすることから始まります。本書を手に取っていただいた方は、すでに始めの一歩を踏み出しています。

もしダイエット法に迷っていたり、本気でダイエットをしたいと思ったりしていたら、私でもいいですし、お近くのダイエット専門のパーソナルトレーナーでもよいので、ぜひ相談してみてください。解決策が見つからず立ち止まっている時間こそ、人生の大切な時間の無駄になってしまいます。わからないことはその道の専門家に相談することが一番の近道です。

自分の体は自分が一番わかっているつもりでわかっていません。ですので、客観的なアドバイスを聞いて、ご自分のダイエットに活用していただければと思います。最後に「スタートラインはいつでも引ける」。私の座右の銘です。もし今よりも美しくなりたい、ダイエットしたいと思ったら何歳であってもチャレンジしていただきたいと思います。

私が指導させてもらった最高齢の方は78歳の女性です。孫の結婚式はに素敵な姿になって出席したいと決意し、3か月で体重マイナス16kgのダイエットに成功しました。まるで別人のようになり60代にしか見えない姿に生まれ変わりました。ダイエットをしようと決意したら、何歳でもできるのだと学ばせてもらいました。

日本人は、まじめさゆえに諦めも早く「もう歳だから……」「ダイエットしていることを知られるのは恥ずかしい」とスタートラインを引くことをためらっている人が多いのです。私は大声で言いたいと思います。

ダイエットをすることは素晴らしい！　美しくなることは人生を変える！　何歳でも美しくなれる！

本書を読んでくださった皆様のダイエットライフが大成功に終わり、今よりも自分の事を好きになり、素敵な笑顔で過ごせることを願っております。

最後に本書の作成に協力して下さったP-Bodyダイエットジムのスタッフの皆さんやクライアントの皆様、トレーニングモデルを努めてくれたパーソナルフィットネストレーナーのkeiさん、そしてわがままな私をいつも応援してくれている家族や友人たちに感謝の意を述べたいと思います。

本当にありがとうございます。

高口　昌士

著者略歴

高口　昌士（こうぐち　まさし）

ダイエット専門パーソナルトレーナー　腰痛専門整体師　P-Bodyダイエットジム代表

大学1年生からパワーリフティングの競技を始め、20歳のときからパーソナルトレーナーとしての活動を開始する。アスリートのパフォーマンス向上やダイエット、健康増進などを望む方々に対してマンツーマン指導を行う。ダイエットを望む人たちの人生を変えるサポートをしたいと決意し、名古屋市南区にてダイエット専門パーソナルトレーニングジム「P-Bodyダイエットジム」を開設する。短期集中で劇的にダイエットの成功に導く独自のメソッドで年間700人以上の人に対してダイエット指導を行う。他に、高校や大学スポーツチームでのトレーナー活動、整体やスポーツトレーナーを養成する専門学校での講師、ダイエットや美容に関するセミナーや講演など多数行う。
正しい知識と技術を身に付けたパーソナルトレーナーを養成するため、自ら「P-Bodyパーソナルトレーナースクール」を創設。ダイエットに特化したパーソナルトレーナーの技術と体を改善できる整体法を組み合わせた、治せて美しくできるパーソナルトレーナー養成に注力している。

たった2か月で人生を変えるダイエット
～1万5000人以上を指導した専門家が教える短期集中ダイエット法

2021年11月19日　初版発行

著　者　高口　昌士　

発行人　森　　忠順

発行所　株式会社 セルバ出版
〒113-0034
東京都文京区湯島1丁目12番6号 高関ビル5B
☎03（5812）1178　FAX 03（5812）1188
http://www.seluba.co.jp/

発　売　株式会社 三省堂書店／創英社
〒101-0051
東京都千代田区神田神保町1丁目1番地
☎03（3291）2295　FAX 03（3292）7687

印刷・製本　株式会社丸井工文社

Printed in JAPAN
ISBN978-4-86367-715-9